Anneli Klipphahn

Die Sonne ist die Sonne und damit basta!

Vorlesegeschichten aus dem Winkelwald

SCM

SCM

Stiftung Christliche Medien

Der SCM Verlag ist eine Gesellschaft der Stiftung Christliche Medien, einer gemeinnützigen Stiftung, die sich für die Förderung und Verbreitung christlicher Bücher, Zeitschriften, Filme und Musik einsetzt.

© 2017 SCM-Verlag GmbH & Co. KG, 58452 Witten
Internet: www.scmedien.de; E-Mail: info@scm-verlag.de

Das Kapitel „Knubbi" wurde in gekürzter Fassung zuerst veröffentlicht im RAABE Fachverlag für die Schule.

Illustrationen: Judith Heger, Erding
Geamtgestaltung: Christoph Möller, Hattingen
Druck und Bindung: CPI books GmbH, Leck
Gedruckt in Deutschland
ISBN 978-3-417-28772-1
Bestell-Nr. 228.772

Inhalt

Kuni will nicht warten

Neugierig spähte Kunibert, das Känguru, aus dem Beutel seiner Mutter. Ach, was es da draußen alles zu entdecken gab! Die Sonne schickte ihre hellen, warmen Strahlen zur Erde. Die grünen Blätter der Bäume nickten ihm freundlich zu. Blumen in den verschiedensten Farben lockten mit ihrem Duft.

Besonders der Geruch der würzigen Kräuter ließ Kuni das Wasser im Mäulchen zusammenlaufen. Und als er den Blick über die große Wiese wandern ließ, zuckte es in seinen Beinen. Er zupfte seine Mutter am Bauch und bettelte: „Bitte, Mama! Lass mich heute aus dem Beutel springen!"

„Heute noch nicht", entgegnete die Mutter. „Hab noch ein bisschen Geduld, mein Kleiner. Bald kannst du springen, so viel du möchtest."

„Wann ist denn *bald*?", *fragte Kuni.*

„Bald ist nicht mehr lange. Einige Tage musst du noch warten."

„Aber das dauert noch sooo lange! Bitte, Mama!", bettelte Kuni.

Die Mutter schüttelte den Kopf. „Da draußen ist es gefährlich für kleine Kängurus. Warte, bis die Zeit gekommen ist."

Kuni drängelte weiter: „Ich will doch nur schnell mal über die Wiese springen! Nur ein einziges Mal!"

„Nein, *Kunibert*!", sagte die Mutter streng.

Da traute sich das kleine Känguru nicht mehr, weiter zu betteln. Denn wenn Mama *Kunibert* sagte, meinte sie es ernst.

Am nächsten Tag wurde Kuni durch laute Freudenrufe aufgeschreckt. Er richtete sich auf, lugte aus dem Beutel und entdeckte ein anderes Kängurukind. Fröhlich sprang es auf

der Wiese herum und jubelte: „Ach, wie ist das Leben schön! Ach, wie ist das Leben schön!"

„Hallo", rief Kuni. „Hallo du!"

Das Känguru blieb stehen und schaute sich um.

„Ich bin hier!" Kuni wedelte mit den Vorderpfoten. „Hier, im Beutel meiner Mutter!"

Als das andere Känguru Kuni erblickte, hopste es auf ihn zu. „Hey du! Hast du mich gerufen?"

„Ja, das habe ich", antwortete Kuni. „Ich möchte gern wissen, wie du heißt!"

„Ich bin Winni." Das andere Känguru schlug sich an die Brust. „Heute hat meine Mama mir erlaubt, das erste Mal allein herumzuspringen. Es ist wunder-wunderschön hier draußen! Komm und spiel mit mir!"

Bevor Kuni antworten konnte, schüttelte seine Mama so heftig den Kopf, dass Kuni in seinem Beutel hin und her geschaukelt wurde. „Nein! Kunibert darf noch nicht hinaus. Seine Zeit ist noch nicht gekommen."

„Aber das dauert sooo lange, bis die Zeit vergeht", jammerte Kuni erneut.

Winni hopste ganz nah an Kuni heran und flüsterte: „So sind die Mamas alle. Was meinst du, wie lange ich warten musste, bis ich endlich aus dem Beutel herausdurfte!"

Obwohl Winni in Kunis Richtung geflüstert hatte, schien Mama jedes Wort verstanden zu haben. Sie strich über Kunis

Kopf und erklärte: „Alles im Leben hat seine Zeit. Mamas wollen ihre Kinder beschützen. Das machen sie, weil sie ihre Kinder lieb haben. Es ist gut, wenn du lernst, Geduld zu haben."

Winni zwinkerte Kuni zu. „Sei nicht traurig! Bestimmt dauert es nicht mehr lange, bis du herauskannst! Wollen wir Freunde sein?"

„O ja!", freute sich Kuni. „Besuchst du mich morgen wieder?"

„Klar komme ich morgen wieder! Morgen um die gleiche Zeit." Winni hopste von einem Bein auf das andere. „Und übermorgen auch. Und über-übermorgen auch. Immer und immer wieder, bis du mit mir herumspringen darfst. Aber jetzt kann ich meine Beine nicht mehr stillhalten. Mach's gut, Kuni, bis morgen!"

Noch bevor Kuni antworten konnte, sprang das andere Känguru in großen Sätzen davon.

Da kuschelte sich Kuni gemütlich in Mamas Beutel zurecht und seufzte: „Ich habe einen Freund. Und morgen kommt er wieder. "

„Hat man so etwas schon gehört?", murmelte die Mutter. „Ein Känguru, das einen Freund hat, bevor es auch nur drei Sprünge gehopst ist?"

Nachdem Kuni eine Weile geschlafen hatte, erwachte er und steckte seinen Kopf aus dem Beutel. Er blickte sich um und murrte: „Ich möchte bloß wissen, wo Winni bleibt. Mein neuer Freund hat doch versprochen, dass er mich bald wieder besuchen kommt. Aber weit und breit ist kein Winni zu sehen."

„Morgen", antwortete die Mutter. „Er hat gesagt, er kommt morgen wieder. Jetzt ist noch nicht morgen, jetzt ist noch heute. Warte, bis die Zeit gekommen ist."

„Ich frage mich, warum das so lange dauert", schimpfte

Kuni. „Immer soll ich warten, bis die Zeit gekommen ist. Die Zeit scheint ja eine ganz schöne Bummeltante zu sein. Muss man sich denn von der Zeit alles gefallen lassen? Warum muss man immer warten, warten, warten?"

„Warten heißt nicht, dass du untätig herumsitzen musst. Ich will dir sagen, wie du dir die Zeit vertreiben kannst." Die Mutter sprang zu einem Busch. „Diese Blätter kannst du fressen, sie hängen genau in der richtigen Höhe für dich."

Tatsächlich war er dem Strauch jetzt so nahe, dass ihn die Blätter an der Nase kitzelten. Kuni musste niesen. Dann zupfte er ein Blatt ab, zerkaute es und schluckte. „Das schmeckt nicht schlecht. Aber was muss ich noch tun? Wie kann ich die Zeit besiegen?"

Mama antwortete nicht gleich, denn sie war dabei, einen zarten, saftigen Zweig aufzufressen.

„Soll ich vielleicht boxen?", fragte Kuni und schwang seine Fäuste. „Komm her, Zeit, ich will dich vertreiben! Komm schon, zeig dich!"

„Lass das, Kuni!" Mama umfing ihn mit ihren Vorderbeinen. „Du kannst nicht gegen die Zeit kämpfen. Du kannst sie nur nutzen."

Kuni boxte in die Luft. „Aber du hast doch gesagt, ich soll sie vertreiben?"

„Das ist nur so eine Redensart. Es bedeutet: Wenn du etwas tust, dann hast du das Gefühl, dass die Zeit schneller vergeht. In Wahrheit vergeht die Zeit immer gleich schnell."

Mama ließ ihn wieder los und Kuni zupfte ein weiteres Blatt ab.

Anschließend beobachtete er einen Käfer, der surrend davonflog. „Mama? Wie wäre es, wenn wir beide jetzt ganz schnell und ganz weit springen? Schneller und weiter, als dieser Käfer fliegen kann?"

Die Mutter schüttelte den Kopf. „Ganz schnell und ganz

weit springe ich nur, wenn ein besonderer Grund dafür vor-
liegt."

Kuni klatschte in die Pfoten. „Dieser besondere Grund
liegt jetzt vor! Wir springen ins Morgen! Und schon treffe
ich meinen Freund wieder!"

„Niemand kann ins Morgen springen, *Kunibert*!", erklärte die Mutter. „Und jetzt will ich nichts mehr davon hören!
Friss dich satt und hab Geduld."

Zur versprochenen Zeit kam Winni wieder und berichtete
begeistert von all dem Neuen, das er erkundet hatte. Auch
am nächsten Tag besuchte er Kuni und an den folgenden Tagen.

Nach acht langen Tagen war es endlich so weit: Kuni
durfte das erste Mal aus dem Beutel der Mutter hopsen! Er
sprang mit Winni über die Wiese und schließlich in den
Wald hinein, wo Winni ihm einige seiner Freunde vorstellte:
ein Kaninchen, einen jungen Koalabär, eine Maus und einen
Hirsch.

Ausgelassen hüpfte Kuni von einem zum anderen. „Ihr
sollt meine Freunde sein! So viele Freunde!"

Der Hirsch wiegte bedächtig den Kopf hin und her.

„Was machst du da?", fragte Kuni. „Warum schaukelst du
deinen Kopf, als säße darauf ein Hirschbaby, das du in den
Schlaf wiegen willst?"

„Das heißt: Wir werden sehen", röhrte der Hirsch.

„Ja, wir werden sehen", piepste die Maus. „Wir müssen
dich doch erst einmal kennenlernen."

Kuni blieb stehen und ließ die Vorderbeine hängen.
„Aber … aber ich verstehe nicht … Winni ist doch mein
Freund … und euer Freund ist er auch … Da könnt ihr doch
auch meine Freunde sein?"

Das Kaninchen zuckte mit der Nase. „Man merkt, dass du
noch sehr jung bist. Du solltest vorsichtig sein."

Die Maus hob belehrend das Pfötchen. „Du kannst nicht jedem einfach so deine Freundschaft anbieten. Es gibt Tiere, die so etwas ausnutzen. Nimm dich in Acht vor dem Fuchs, der Schlange und dem Dingo."

Ratlos schaute Kuni die anderen an. „Und wie merke ich, wer ein guter Freund sein kann?"

„Freundschaft braucht Zeit", röhrte der Hirsch. „Hab Geduld, kleines Känguru. Mit der Zeit wirst du alle Bewohner unseres Waldes kennenlernen. Du wirst selbst herausfinden, wem du trauen kannst und wem du lieber aus dem Weg gehen solltest."

Da ließ Kuni den Kopf hängen und seufzte: „Das dauert bestimmt ziemlich lange. Ich dachte, man findet schneller Freunde."

Winni hopste an seine Seite und klopfte ihm auf die Schulter. „*Einen* Freund hast du ja schon mal. Und jetzt hüpfen wir weiter. Ich möchte dir noch mehr Tiere vorstellen. Sie sind Kängurus wie du und ich."

Kuni schlug die Pfötchen zusammen. „Kängurus, sagst du? Das ist ja super! Vielleicht finde ich dort schnell neue Freunde."

Eilig sprangen sie zu den anderen Kängurukindern. Nachdem Winni ihnen seinen neuen Freund vorgestellt hatte, schlug ein Kängurumädchen vor: „Lasst uns um die Wette hüpfen! Wer zuerst an dem großen Busch dort drüben ist!"

Kuni hopste, so schnell er konnte, aber trotzdem kam er als Letzter am Ziel an.

„Und nun üben wir uns im Hochsprung!", sagte ein Junge, der ziemlich lange Beine hatte.

Kuni nahm Anlauf, ging in die Hocke und sprang, so hoch er konnte, doch leider hüpften die anderen viel höher als er.

Als schließlich ein kleiner, kräftiger Bursche rief: „Jetzt wollen wir boxen! Wer ist der Stärkste?", zog Kuni sich unter einen Baum zurück und schaute nur noch zu.

Nach einer Weile kam Winni zu ihm und legte ihm eine Pfote auf die Schulter. „Sei nicht traurig, du musst das alles noch üben."

„Üben, sagst du!" Kuni schob die Unterlippe vor, verschränkte die Arme vor der Brust und stampfte auf. „Ich werde nie so gut springen und boxen können wie die anderen!"

„Doch, das wirst du", entgegnete Winni. „Du musst nur fleißig trainieren und etwas Geduld haben."

Während Winni ihm weiter gut zuredete, entdeckte Kuni ganz in ihrer Nähe ein Geschöpf mit einem sehr merkwürdigen Gesicht. Er zuckte zusammen und spürte, wie sein Herz schneller schlug.

„Das ist ...", sagte Winni, aber Kuni ließ ihn einfach stehen, flüchtete zurück zu seiner Mutter und versteckte sich in ihrem Beutel. Winni folgte ihm und erklärte: „Du bist vor einem Schnabeltier davongelaufen. Schnabeltiere sind nicht gefährlich."

„Aber dieses Wesen sah grässlich aus", jammerte Kuni. „Hattest du denn keine Angst?"

Winni lachte. „Aber nein! Ein Schnabeltier tut keinem Känguru etwas zuleide. Ich wollte dir Schnabelina vorstellen, doch du hast gar nicht auf mich gehört. Na gut, morgen weißt du es. Ruh dich jetzt aus; morgen komme ich wieder."

Nachdem Winni davongesprungen war, sagte die Mutter: „Ach Kunibert, du musst noch viel lernen. Es gibt viele Geschöpfe, die nicht schön aussehen und trotzdem ein gutes Herz haben. Und es gibt andere, die kuschelig und freundlich erscheinen, aber sehr gefährlich sind. Hab Geduld, mein Sohn, mit der Zeit wirst du sie alle kennen. Bis dahin ist dir der Platz in meinem Beutel sicher."

Erschrocken schaute Kuni in Mamas Gesicht. „Was heißt das: *bis dahin*? Was meinst du damit? Kann ich nicht immer in deinen Beutel flüchten, wenn ich Angst habe?"

Mama strich ihm über den Kopf. „Wenn die Zeit gekommen ist, bekomme ich ein neues Baby. Dann kannst du nicht mehr in meinen Beutel zurückkehren. Aber mach dir darum jetzt keine Sorgen, denn alles geschieht zur rechten Zeit. Du wirst dann selbstständig sein. Und du wirst gar keine Lust mehr haben, in den engen Beutel zurückzuklettern."

„Wenn das so ist, möchte ich die Zeit jetzt am liebsten anhalten", jammerte Kuni. „Ich will immer bei dir bleiben! Immer!"

Mama streichelte ihn weiter. „Das sagst du jetzt, weil du dir das Morgen noch nicht vorstellen kannst. Hab keine Angst, mein Sohn, und vertrau mir. Alles im Leben hat seine Zeit."

Warum muss Kuni noch warten, bis er endlich aus dem Beutel springen darf?

Wann fällt es dir schwer, Geduld zu haben?

Wann möchtest du die Zeit am liebsten anhalten?

Die Entscheidung der Eule

Eugenia, die Eule, zwinkerte müde in den Sonnenaufgang. Die ganze Nacht über hatte sie den Winkelwald bewacht. Nun wollte sie schlafen.

Da fing unter ihrem Baum jemand an herumzuschreien. Eugenia erkannte die Stimme des Eichelhähers. Er kreischte: „Das Eichhörnchen muss bestraft werden! Es hat meine größten Eicheln geknackt."

Auf einmal spektakelten viele Stimmen durcheinander. Um besser sehen und hören zu können, flog die Eule auf einen Ast des Nachbarbaumes.

„*Meine* Eiche! *Meine* Eicheln!", schrie der Eichelhäher immer wieder.

Ein Papagei, den die Eule nicht kannte, krächzte: „Eichen sollst du weichen, Buchen sollst du suchen."

„Aber warum denn?", fragte ein kleiner Hase. „Warum soll ein Eichhörnchen den Eichen weichen?"

Der Eichelhäher zeterte: „Ich spreche nicht von allen Eichen. Ich spreche von *meiner* Eiche und *meinen* Eicheln!"

Das Eichhörnchen saß zitternd auf einem Ast und schaute mit großen Augen den Eichelhäher an. „Aber ich wusste doch gar nicht, dass es deine Eicheln sind!"

Der Eichelhäher spreizte seine Flügel, als wollte er den ganzen Wald festhalten. „Ich sitze fast immer auf diesem Baum. Also ist es mein Baum. Und was auf meinem Baum wächst, gehört mir. Das ist ja wohl klar."

Der Papagei nickte. „Was klar ist, muss klar bleiben."

„Schlauschwätzer", murmelte Eugenia. „Richtig heißt es: *Was wahr ist, muss wahr bleiben.*"

Aber da die anderen Tiere weiterspektakelten, hörten sie die Eule nicht.

Die Elster schnarrte: „Niemand darf einem anderen Tier sein Fressen wegnehmen. Das ist das Gesetz unseres Winkelwaldes."

„Das stimmt!" Der Maulwurf schaufelte eine Klaue voll Erde zur Seite. „Wo kämen wir denn hin, wenn jeder jeden beklauen würde."

„Schlechte Beispiele verderben gute Sitten", rief der Papagei.

Eine Kröte quakte: „Ich fresse keine Eicheln. Aber das Gesetz des Winkelwaldes muss eingehalten werden. Ich habe mir ja gerade hier eine Wohnung gesucht, weil ich mich hier sicher fühle."

„Gesetz ist Gesetz, da beißt die Maus keinen Faden ab", krächzte der Papagei.

„Warum sollte ich einen Faden abbeißen?", piepste eine kleine Maus. „Hier ist doch gar keiner!"

Der Papagei plusterte sich auf. „Wer sucht, der findet."

„Was redet ihr da!", schimpfte der Eichelhäher. „Wir brauchen keinen abgebissenen Faden, sondern Gerechtigkeit! Das Eichhörnchen muss bestraft werden."

Der Papagei nickte. „Was man sich eingebrockt hat, muss man auch auslöffeln."

Nun wandte sich Frau Reh an den Papagei: „Darf ich mal fragen, wer Sie sind?"

„Fragen kostet nichts", erwiderte der bunte Vogel und verbeugte sich. „Papagei mein Name."

„Sie sind aber nicht in unserem Wald ansässig, oder?", fragte Frau Reh weiter.

„Ruhe jetzt!" Der Eichelhäher machte mit dem Flügel eine Bewegung, als wollte er die Frage von Frau Reh wegwischen. „Das tut jetzt nichts zur Sache. Wir sollten zur Tat schreiten und die Übeltäterin bestrafen."

„Besser spät als nie", krächzte der Papagei.

Der Eichelhäher räusperte sich. „Herr Papagei! Zwar habe ich Sie hier in unserem Wald noch nie gesehen, aber Sie scheinen ein kluger Vogel zu sein. Welche Bestrafung schlagen Sie vor?"

Da wurde es der Eule zu viel. Sie flog auf einen der unteren Äste und befahl: „Uhu, uhu, ich verlange jetzt Ruh!"

Erschrocken wichen die Tiere zurück und blickten zu der Eule hinauf. Jeder mochte Eugenia, denn sie setzte sich stets für die Bewohner des Winkelwaldes ein. Weil sie klug und gerecht war, hatte man sie einstimmig zur Richterin gewählt.

Frau Reh verneigte sich. „Guten Tag, Eugenia."

Der Eichelhäher schnarrte: „Gut, dass du da bist, Hüterin der Gesetze. Das Eichhörnchen …"

„Uhu!", unterbrach Eugenia den Eichelhäher. „Spar dir deine Reden! Ich weiß, was hier vorgeht! Ihr habt laut genug spektakelt und mich am Schlafen gehindert."

Einige Tiere schauten betroffen zu Boden.

Eugenia blickte streng in die Runde. Dann deutete sie mit ihrer Flügelspitze auf den Eichelhäher. „Willst du einen bunten Vogel zum Richter machen? Soll dieser Papagei etwa entscheiden, was mit einer unserer Schwestern geschieht?"

Bevor der Eichelhäher antworten konnte, richtete sich der Papagei stolz auf und plapperte: „Ehre, wem Ehre gebührt."

„Ruhe!" Die Eule funkelte ihn an. „Behalte dein Papageienpapperlapapp für dich!"

Der bunte Vogel öffnete den Schnabel, um etwas zu erwidern, doch der Eichelhäher rief: „Still! Eugenia ist unsere Richterin."

„Ja, das ist sie." Der Hase nickte heftig. Seine Löffel flogen vor und zurück, als wollte er damit einen Schwarm Stechmücken vertreiben. Dann zeigte er auf den Papagei. „Dieser Vogel kennt uns doch gar nicht, und was er sagt, hilft uns nicht weiter. Er plappert nur nach, was er irgendwo mal gehört hat."

Mit gesenktem Kopf erklärte der Papagei: „Reden ist Silber, Schweigen ist Gold."

„So wähle das Gold!", befahl die Eule. Anschließend bat sie das Eichhörnchen, auf den Ast zu klettern, auf dem sie saß.

Nachdem das Eichhörnchen dieser Aufforderung gefolgt war, wisperte es ihr zu: „Ich wollte wirklich niemanden bestehlen. Ich dachte immer, das alles hier gehört uns allen."

Eugenia nickte beruhigend und deutete mit ihrer Flügelspitze auf den freien Platz unter ihrem Baum. „Uhu! Jeder, der noch nie im Leben etwas gefressen hat, was ihm nicht gehört hat, soll sich jetzt dorthin stellen."

Die Tiere blickten sich ratlos an. Einige schüttelten die Köpfe.

„Uhu! Ich wiederhole: Wer von euch hat noch nie etwas gefressen, was ihm nicht gehört hat?"

„So ein Tier gibt es nicht", antwortete Frau Reh. „Jeder von uns ist auf das angewiesen, was Gott täglich wachsen lässt."

„Das ist wahr", murmelten einige.

Der Hase hopste von einem Bein auf das andere und erklärte: „Niemand kann nur von dem leben, was ihm allein gehört."

Eugenia nickte. „Ich will euch eine weitere Frage stellen: Wer von euch ist sich ganz sicher, dass er noch nie etwas genommen hat, das ein anderer als sein Eigentum betrachtet hat?"

Wieder schauten sich alle an und schüttelten die Köpfe.

Da fragte die Eule weiter: „Meint ihr noch immer, ihr hättet das Recht, das Eichhörnchen zu bestrafen?"

Erneut schüttelten alle die Köpfe.

„Uhu!", rief Eugenia. „Damit wäre das geklärt." Dann wandte sie sich an das Eichhörnchen. „Und du schaust dich in Zukunft erst einmal um, bevor du dir einfach nimmst, was dir gefällt."

Das Eichhörnchen nickte mehrmals hintereinander. „Ja, das mache ich. Danke, Eugenia!"

„Uhu. Nun will ich endlich schlafen." Damit breitete die Eule ihre Flügel aus und flog zurück zu ihrem Schlafplatz.

Woran merkst du, dass Eugenia klug und gerecht ist?

*Hast du dich auch schon mal gefühlt
wie das Eichhörnchen?*

Was lernen die anderen Tiere von Eugenia?

Die Sonne ist die Sonne

Es geschah an einem dieser trüben Tage im Herbst. Karli, ein junges Kaninchen, hatte schon einen weiten Weg zurückgelegt. Nun beschloss er, eine Pause zu machen. Er setzte sich unter eine Rotbuche und verspeiste ein Blatt vom Breitwegerich.

Auf einmal landete etwas Hartes auf seinem Kopf. Während Karli unter dem Baum hervorsprang, hörte er eine Stimme: „Entschuldigung! Ich bitte vielmals um Entschuldigung. Ich wollte dich nicht erschrecken. Das ist mir aus Versehen passiert!"

Karli blieb stehen und suchte mit seinen Blicken die Äste des Baumes ab. Schließlich entdeckte er über sich ein Eichhörnchen.

„Ich heiße Emmy", stellte sich das Eichhörnchen vor. Dann deutete es auf eine Frucht des Baumes. „Diese Bucheckern schmecken nach Sonnenstrahlen. Ich kann gar nicht genug davon bekommen. Aber wenn ich gewusst hätte, dass du da unten hockst, hätte ich natürlich die Schalen nicht einfach fallen gelassen."

„Hallo Emmy! Ich bin Karli." Das Kaninchen hob sein Pfötchen und winkte. „Ich habe mal eine Frage: Welchen Geschmack haben Sonnenstrahlen?"

„Ähm … also … ach …", stotterte das Eichhörnchen und kratzte sich am Kopf. „Also, ich kann dir das schwer erklären. Das ist so eine Redensart, die ich von meiner Tante übernommen habe."

Karli hopste ein Stück näher an den Baum heran. „Du meinst wohl damit, dass dir diese harten Dinger *mächtig gewaltig* schmecken?"

„*Mächtig gewaltig*?" Das Eichhörnchen schwang sich auf einen tiefer liegenden Ast. „Woher hast du denn diese Wortnuss?"

„Das ist eine lange Geschichte", seufzte das Kaninchen. „Weißt du, ich wohne eigentlich bei den Menschen. Der Ferdinand – das ist das Kind der Familie – ist mein Freund. Und der Ferdinand …"

„Also, das erzählst du mir lieber ein anderes Mal." Emmy winkte ab und angelte nach der nächsten Buchecker. „Wenn ich rede, kann ich nicht knabbern. Und wenn ich nicht knabbere, kann ich nicht fressen. Und das wäre doch schade, da hier die … die … mächtig waldigsten Bucheckern wachsen."

„Das heißt nicht mächtig waldig, das heißt *mächtig gewaltig*", verbesserte Karli. „Dieses Wort verwendet der Ferdinand immer, wenn ihm etwas richtig gut gefällt. Oder wenn ihm das Essen schmeckt. Aber in letzter Zeit hat ihm gar nichts geschmeckt. Der Ferdinand ist nämlich krank und …"

„Erzähl es mir ein anderes Mal", unterbrach Emmy das Kaninchen erneut, zupfte eine neue Buchecker ab und betrachtete sie von allen Seiten.

„Na gut", seufzte Karli. „Aber eine Frage habe ich noch. Wenn du schon nicht beschreiben kannst, wie Sonnenstrahlen schmecken, so kannst du mir vielleicht sagen, wo ich die Sonne finde."

Da Emmy damit beschäftigt war, an der Buchecker zu knabbern, antwortete sie nicht gleich.

Deshalb sprach Karli weiter: „Wie ich schon sagte, ist der Ferdinand krank. Als ich überlegt habe, wie ich ihm helfen könnte, ist mir eingefallen, dass Ferdinands Mama immer gesagt hat: ‚Geh in die Sonne, das ist gesund.' Aber jetzt ist er krank und kann nicht zur Sonne gehen. Und da dachte ich, wenn er nicht zur Sonne gehen kann, muss eben die Sonne zu ihm kommen. Ja, sie muss kommen und ihn gesund ma-

chen. Aber ich weiß gar nicht, wo ich die Sonne finden kann, und ..."

„Wasch? Du schuchscht alscho die Schonne?" Weil das Eichhörnchen mit vollem Mund sprach, klang das S wie ein Sch.

Karli kratzte sich am Ohr. „Ja, deshalb bin ich von Ferdinand weggehoppelt. Und nun weiß ich nicht, *wo* ich die Sonne suchen soll."

„Warte!" Emmy schluckte ihren letzten Bissen hinunter und warf die Schale der Buchecker weg. Dann eilte sie den Stamm hinab und verkündete: „Ich komme mit. Ich will die Sonne auch kennenlernen. Denn ich habe gehört, dass von der Sonne alles Leben kommt. Ohne Sonne wächst kein Baum. Und ohne Baum gibt es keine Früchte. Ohne Früchte kein Essen und ohne Essen kein Leben."

Emmy hob belehrend das linke Pfötchen. „Jedenfalls hat das meine Mama gesagt. Und meine Mama ist sehr klug." Nun zuckte das Eichhörnchen mit den Schultern. „Aber leider hat sie mir nicht gesagt, wo die Sonne wohnt."

„Du willst mir also helfen, die Sonne zu suchen?" Karli schnüffelte aufgeregt. „Das finde ich *mächtig gewaltig*!"

„Klar helfe ich dir", antwortete Emmy. „Und ich schlage vor, dass wir Seppo Stachelspitz fragen, ob er mitkommt. Seppo ist sehr stark."

„Aber ... aber ..." Das Kaninchen fing an zu zittern.

Emmy sprang an Karlis Seite und legte ihm ein Pfötchen auf die Schulter. „Na, na! Du brauchst doch keine Angst zu haben! Seppo Stachelspitz ist ein Igel. Und er ist mein Freund. Ich sage ihm, dass du mein Freund bist, und dann wird er auch dein Freund werden."

„Bi... bist d... du si... sicher?", stotterte Karli.

Emmy nickte. „Also, das ist so sicher, wie die Stacheln von Seppo Stachelspitz spitz sind. Und nun komm, lass uns keine Zeit verlieren."

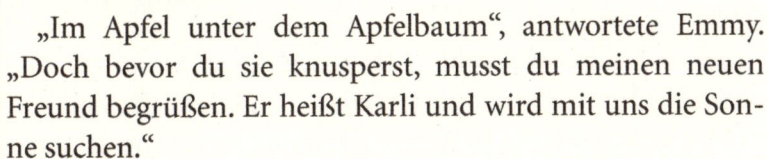

So machte sich Karli mit seiner neuen Freundin auf den Weg zum Igel. Emmy schwang sich von Ast zu Ast und Karli sprang unter den Bäumen entlang. Bald gelangten sie in einen Garten. Emmy warf einen Apfel vom Baum, kletterte dann herunter, eilte zu einem Laubhaufen, scharrte ein paar Blätter beiseite und rief in ein Erdloch hinein: „Komm raus, Seppo! Du musst mit uns die Sonne suchen!"

Vorsichtig hoppelte Karli näher und hörte ein Geräusch, das ihn an Ferdinands Vater erinnerte. Der arbeitete nämlich manchmal in der Nähe von Karlis Stall mit einer großen Säge. Das Kaninchen hielt den Kopf schief und konzentrierte sich auf das Geräusch. Es klang so, als würde jemand einen Baumstamm umsägen.

„Mächtig gewaltig", murmelte Karli und schüttelte den Kopf. Aber das konnte doch wohl nicht wahr sein! Im Bau des Igels konnte sich unmöglich ein Baumstamm befinden. Außerdem konnte ein Igel doch keine Säge bedienen, oder?

„Genug geschnarcht", rief Emmy. „Los, Seppo, komm raus! Ich habe dir einen Apfel mit fetten Maden vom Baum geholt."

Tatsächlich verstummte das Geräusch. Kurz darauf tauchte eine spitze Schnauze aus dem Erdloch auf und fragte: „Wo sind die Maden?"

„Im Apfel unter dem Apfelbaum", antwortete Emmy. „Doch bevor du sie knusperst, musst du meinen neuen Freund begrüßen. Er heißt Karli und wird mit uns die Sonne suchen."

„Igel knuspern nicht! Igel schmatzen, und damit basta!"

Mit diesen Worten krabbelte Seppo Stachelspitz aus seinem Bau. Er musterte Karli von oben bis unten, nickte ihm kurz zu und grummelte: „Ein Kaninchen hat mir gerade noch gefehlt." Dann eilte er unter den Apfelbaum.

Emmy und Karli sprangen ihm nach.

„Also", sagte Emmy. „Wenn du dich gestärkt hast, musst du mit uns die Sonne suchen."

Der Igel fraß ein Stück Apfel. „Die Sonne suchen? Warum sollte ich mit euch die Sonne suchen?"

„Weil von der Sonne alles Leben kommt", erklärte Emmy. „Die Sonne lässt die Bäume und alle anderen Pflanzen wachsen."

Der Igel biss das nächste Stück von dem Apfel ab. Er kaute und schmatzte.

Da hopste Emmy vor seiner Nase herum. „Du musst mitkommen! Denn ohne die Früchte, die an den Bäumen hängen, hätten wir nichts zu fressen. Wir könnten nicht leben!"

„Ich schon", grunzte der Igel. „Ich kann auch ohne Äpfel leben. Hauptsache, es gibt genügend Schnecken und Regenwürmer."

Emmy verdrehte ihre Äuglein. „Also, du kapierst es nicht, was? Überleg einmal: Was fressen die Schnecken?"

„Sie fressen Blätter", schmatzte Seppo. „Und wenn sie mit Fressen beschäftigt sind, kann ich sie ganz leicht schnappen."

„Na siehst du!" Emmy hob das Pfötchen, als wäre sie eine Lehrerin. „Die Schnecken leben von Blättern. Wenn die Sonne keine Blätter wachsen lässt, haben die Schnecken nichts zu fressen. Und wenn sie nichts zu fressen haben, sterben sie."

Seppo Stachelspitz schluckte seinen Bissen hinunter. „Das macht nichts. Ich fresse sie trotzdem. Und damit basta."

Plötzlich raschelte es neben Karli und er sprang erschrocken zur Seite.

„Ich bin's nur", piepste da eine zarte Stimme. „Ich bin Wanda, die Waldmaus."

„Eine Maus hat mir gerade noch gefehlt", murrte der Igel und wandte sich wieder seinem Apfel zu.

„Ich habe euer Gespräch belauscht", sagte Wanda. „Und ich will mit euch die Sonne suchen. Ich habe nämlich gehört, dass von der Sonne die Wärme kommt. Seit ich nicht mehr bei meiner Mama wohne, ist mir oft so furchtbar kalt."

Emmy hüpfte ganz nah an den Igel heran. „Hast du gehört, Seppo Stachelspitz? Ohne Sonne gibt es kein Leben, kein Licht und keine Wärme."

Der Igel hob den Kopf. „Keine Wärme, sagst du? Aber ich brauche die Wärme! Wenn es keine Wärme gibt, muss ich ja immer und immer Winterschlaf halten. Das hat mir gerade noch gefehlt. Nein, das geht nicht! Das geht wirklich nicht!"

„Endlich hat er es kapiert", seufzte Emmy.

„Ich bin bereit!" Seppo trippelte los. „Wir suchen die Sonne! Jetzt sofort, und damit basta!"

Gemeinsam verließen sie den Garten. Nachdem sie ein paar Schritte gegangen waren, begegneten sie der Elster Esmeralda.

Als Esmeralda hörte, dass die vier Tiere die Sonne suchen wollten, krächzte sie: „Ich liebe alles, was glitzert und blinkt. In meinem Nest habe ich eine ganze Sammlung von Glitzerdingen. Ich habe gehört, dass die Sonne das hellste Licht schenkt, das man sich denken kann. Deshalb will ich sie auch kennenlernen."

„Eine diebische Elster hat mir gerade noch gefehlt", murrte der Igel.

„Nehmt mich mit, ihr werdet es nicht bereuen", versprach Esmeralda. „Ich kann vorausfliegen und euch warnen, wenn Feinde in der Nähe sind."

Seppo schnaufte: „Ich brauche keine Warnung von einem

verrückten Vogel. Ich verlasse mich lieber auf meine eigenen Waffen."

„Ich würde mich freuen, wenn sie mitkäme", widersprach Karli. „Ich fürchte mich schnell und fühle mich sicherer, wenn mich jemand vor Gefahren warnt."

„Macht, was ihr wollt", grummelte der Igel. „Hauptsache, sie klaut mir nicht die Würmer vor der Nase weg."

So machten sich der Igel, die Maus, das Eichhörnchen, das Kaninchen und die Elster auf die Suche nach der Sonne. Unterwegs fragten sie sich, wie die Sonne wohl aussehen mochte und wer sie als Erster erkennen würde.

„Vielleicht ist die Sonne ein großer, strahlender Diamant?", überlegte Esmeralda. „Ich liebe Diamanten! Ein einziger Diamant strahlt heller als tausend andere Glitzerdinge. Doch leider ist es mir noch nie gelungen, einen solchen Edelstein zu finden."

„Du meinst wohl, zu klauen", brummte Seppo.

„Die Sonne ist garantiert kein Stein", widersprach Wanda. „Ein Stein ist kalt und hart. Bestimmt hat die Sonne ein Kuschelfell. Wie meine Mama."

„Ein Mäusefell? Das hat mir gerade noch gefehlt", grummelte der Igel.

„Mir ist es egal, wie die Sonne aussieht", sagte Karli leise. „Ich hoffe nur, dass ich sie überreden kann, meinen kranken Freund zu besuchen. Damit er wieder gesund wird."

„Ich denke, die Sonne ist grün wie der Haselstrauch", vermutete Emmy. „Vielleicht auch ein bisschen rot wie die Buche."

Wieder grummelte der Igel: „Rot und grün – das hat mir gerade noch gefehlt. Hört endlich auf mit eurem Geplapper! Die Sonne ist die Sonne, und damit basta. Ich glaube nicht, dass man sie erklären kann."

Langsam wurde es Abend. Die fünf Freunde betraten ei-

nen Wald und beschlossen, sich erst einmal satt zu fressen. Danach wollten sie ein wenig schlafen. Nur Seppo protestierte: „In der Nacht schlafen? Das hat mir gerade noch gefehlt. Ich gehe auf die Jagd, und damit basta!"

Während die anderen schliefen, huschte Seppo durch die Nacht und traf schließlich einen Maulwurf. „Hallo", begrüßte er ihn. „Du hast mir gerade noch gefehlt. Aber wenn du schon einmal da bist, kannst du mir auch gleich mal verraten, wo die Sonne ist."

„Die Sonne?", fragte der Maulwurf. „Wer oder was soll das denn sein?"

„Manche sagen, sie ist warm", antwortete Seppo. „Sie soll auch hell sein, sie soll Leben schenken und vielleicht ist sie auch noch viel mehr. Wenn ich genau wüsste, wer und wie sie ist, müsste ich sie nicht suchen."

„Du suchst sie? Und weißt gar nicht genau, wer oder was oder wie sie ist?" Der Maulwurf schüttelte den Kopf. „Ich glaube, die Sonne gibt es gar nicht. Denn wenn es sie gäbe, wäre ich ihr sicher längst begegnet. Ich bin ein Meister im Graben und habe das Erdreich schon in allen Richtungen durchwühlt. Nein, ich glaube, es gibt keine Sonne."

„So eine Auskunft hat mir gerade noch gefehlt", entgegnete der Igel. „Aber solange du mir nicht beweisen kannst, dass es die Sonne nicht gibt, werde ich weitersuchen. Und damit basta!"

Mit diesen Worten drehte Seppo sich um und trippelte davon. Noch vor Tagesanbruch weckte er seine Freunde. „Aufstehen, wir müssen die Sonne suchen! Solche Schlafmützen haben mir gerade noch gefehlt! Jetzt geht's weiter, und damit basta!"

Gegen Mittag warnte Esmeralda: „Passt auf! Hinter dem nächsten Steinhaufen liegt eine Schlange!"

Emmy sprang auf den höchsten Ast einer Fichte, Wanda huschte in ein Mauseloch und Karli saß da wie erstarrt.

Nur Seppo ging weiter, schnupperte in die Luft und rief: „Komm schon und zeig dich, du lange Nudel! Ich habe keine Angst vor dir."

Da hob die Schlange ihren Kopf und zischelte: „Ihr seid mir ja eine hübsche Gesellschaft. Keine Sorge, ich tu euch nichts. Außerdem habe ich schon gespeist. Und so hübsche Kerlchen wie euch esse ich sowieso nicht."

„Sie lügt", piepste die Maus aus ihrem Loch heraus. „Meine Mutter hat mir erzählt, dass einmal eine Schlange eine ganze Mäusefamilie gefressen hat."

Die Schlange richtete sich auf und wiegte sich hin und her, als wollte sie tanzen. „Ach, das ist eine Legende aus längst vergangenen Tagen. Ich bin eine fortschrittliche Schlange und achte auf meine Figur. Deshalb ernähre ich mich nur von Kräutern und Blättern."

„Das glauben wir dir nicht", keckerte das Eichhörnchen von seinem Baum herab. „Ich habe gehört, dass du verfressener bist als ein Bär!"

Karli sagte gar nichts. Er hockte noch immer da wie erstarrt.

Unterdessen trippelte Seppo noch näher an die Schlange heran. „Das ist ein komischer Vergleich. Ein Bär ist ein Bär und eine Schlange ist nichts weiter als ein großer, fetter Wurm."

„Werd nicht frech, du Stachelkugel", lispelte die Schlange und wich ein Stück vor dem Igel zurück. „Fett bin ich wahrhaftig nicht! Ich bin auch keineswegs so gefährlich wie ein Bär. Ich bin das friedliebendste Tier, das du dir denken kannst!"

„Wenn du so friedliebend bist, dann verrate uns doch gleich mal, wo die Sonne ist", schlug die Elster Esmeralda vor.

„Die Sonne?", zischte die Schlange. „Was wollt ihr denn von der Sonne?"

„Oh, das ist nicht so einfach zu erklären", antwortete Emmy von ihrem sicheren Platz aus. „Fassen wir es mal so zusammen: Wir haben gehört, dass von der Sonne das Licht, die Wärme und das Leben kommen – und noch vieles mehr."

Da fing die Schlange an zu lachen. Sie lachte und zischelte, bis der Igel fauchte: „Ruhe jetzt, und damit basta! So ein Benehmen hat mir gerade noch gefehlt! Antworte gefälligst auf die Frage der Elster! Was weißt du über die Sonne?"

„Na gut", wisperte die Schlange. „Ich werde es euch sagen: Die Sonne ... also, die Sonne ... die gibt es gar nicht. Das ist eine Erfindung von bösen Tieren, die euch beherrschen wollen. Und das Leben kommt erst recht nicht von der Sonne, sondern es kommt aus der Finsternis."

„Du lügst", piepste Wanda aus ihrem Versteck heraus.

„Aber nein, ich lüge nie", widersprach die Schlange. Dabei richtete sie sich weiter auf und tänzelte so schnell hin und her, dass es Karli vom Zusehen ganz schwindlig wurde.

„So überlegt doch selbst!", rief sie und starrte einen nach dem anderen an. „Wo wurdest du geboren, Nadelkissen? Und du, graue Maus? Natürlich unter der Erde, im finsteren Bau. Ist das nicht Beweis genug?"

Blitzschnell schoss die gespaltene Zunge der Schlange hervor und verschwand wieder. „Das Leben kommt also aus der Finsternis. In der Finsternis findet ihr Wahrheit und Leben. Wärme und Licht kommen vom ewigen Feuer, das in der

finsteren Erde seinen Ursprung hat. Nein! Eine Sonne gibt
es nicht." Wieder schoss die gespaltene Zunge aus dem Maul
der Schlange und zog sich ebenso schnell zurück.

Seppo Stachelspitz knurrte: „Da will uns dieser fette Wurm
doch tatsächlich belehren? Das hat mir gerade noch gefehlt."
Er trippelte weiter auf die Schlange zu. „Langsam bekomme
ich Lust, ein Stück von diesem Wurm zu kosten."

Die Schlange wich zurück. „Ich muss weiter, ich habe zu
tun. Aber wenn es euch Spaß macht, dann lauft ruhig weiter
eurem Sonnenmärchen nach." Sie lachte noch einmal und
schlängelte sich anschließend eilig davon.

„Sie lügt", piepste Wanda, während sie aus ihrem Versteck
herauskam.

„Du hast recht, kleine Maus", antwortete eine freundliche
Stimme. „Selbstverständlich gibt es die Sonne!"

Überrascht hob Karli den Kopf und entdeckte eine weiße
Taube, die in den Zweigen eines Lebensbaumes saß.

„Kannst *du* uns zur Sonne führen?", fragte Emmy.

„Ich brauche euch gar nicht zu ihr zu führen." Die Taube
breitete ihre Flügel aus, als wollte sie die ganze Welt umar-
men. „Die Sonne ist da. Sie ist immer da, versteht ihr? Und
zwar überall um euch herum. An Tagen wie diesem ver-
sperren uns die Wolken den Blick, doch alles Licht kommt
von der Sonne. Und sobald die Wolken weg sind, scheint sie
strahlend hell. Allerdings kann man sie nicht direkt ansehen,
sonst wird man blind. Das hat eine meiner Schwestern erlebt
und sie hat es weitererzählt. Man kann auch nicht zur Sonne hinfliegen, sonst verbrennt man. Das spürt ein Vogel, je
näher er ihr kommt. Die Sonne ist das Licht und die Wärme
der Welt."

„Jetzt verstehe ich!", rief Esmeralda. „Die Sonne ist das,
was alles zum Leuchten bringt. Sogar die Wassertropfen und
der Tau glitzern in ihrem Licht wie Diamanten."

„Die Sonne braucht kein Fell, denn sie selbst ist die Wärme", stellte Wanda fest, und Emmy meinte: „Sie ist nicht grün und nicht rot, sondern sie beinhaltet alle Farben, die man sich vorstellen kann."

„Ja, die Sonne ist alles in allem", nickte die weiße Taube.

„Hab ich euch doch gleich gesagt", brummte Seppo. „Die Sonne ist die Sonne, und damit basta."

„Wenn das so ist, dann war ich ziemlich dumm", seufzte Karli. „Obwohl die Sonne immer da ist, bin ich meinem Freund weggelaufen. Bestimmt wird Ferdinand mich vermissen, er hat oft zu mir gesagt: ‚Ich hab dich mächtig gewaltig lieb, Karlchen.'"

„Wenn du sein Freund bist, wird er die Wärme der Sonne spüren, sobald du zu ihm zurückkehrst", sagte die Taube.

„O ja, ich muss schnell zurück zu ihm. Kannst du mir vielleicht den Weg zeigen?"

„Das tu ich gern", antwortete die weiße Taube. Und nachdem sich die Freunde voneinander verabschiedet hatten, erhob sie sich in die Luft und führte Karli nach Hause.

Einmal fragte ein Junge seinen Papa: „Wie kann ich mir Gott vorstellen?" Der Papa antwortete: „Für Gott gibt es viele Vergleiche und Bilder." Dann erzählte der Papa seinem Sohn die Geschichte von Karli, der die Sonne sucht.

Was meinst du? Warum hat der Vater seinem Sohn diese Geschichte erzählt?

Wie haben sich die einzelnen Tiere die Sonne vorgestellt?

Was wollte die Schlange?

Graulöckchen macht es anders

Graulöckchen war ein junger Esel. Er stand auf der Wiese und knabberte an einer Distel.

Auf einmal kamen neun Kaninchenkinder unter einem Busch hervor. Kaum hatten sie den Esel gesehen, hopsten sie wie Gummibälle um ihn herum. Sie lachten und spotteten: „Graulöckchen! Kling-Glöckchen! Fang uns doch! Das schaffst du nicht!"

Graulöckchen tat, als wären die Kaninchen gar nicht da. Aber er dachte: *Warum ärgern die mich? Ich habe ihnen doch nichts getan!"*

Als die Kaninchen immer frecher wurden, überlegte er: *Was soll ich nur machen? Diese kleinen Kerlchen kann ich doch nicht treten! Das geht nicht! Sie sind ja viel kleiner und schwächer als ich.*

Endlich kamen Graulöckchens Freunde und vertrieben die frechen Kaninchen. Raubein, der größte Esel, mahnte: „Du musst dich wehren. Was soll aus dir werden, wenn du nicht einmal gegen diese Winzlinge kämpfst?"

„Sie lachen über meinen Namen", murmelte Graulöckchen. „Warum habe ich nur diesen komischen Namen?"

Edu, ein anderer kleiner Esel, stupste ihn sanft. „Weil du so schöne Löckchen hast. Ich kenne keinen anderen Esel, der solche Löckchen hat."

„Es liegt nicht an dem Namen." Raubein stieß Graulöckchen heftig in die Seite. „Sie ärgern dich, weil du es zulässt."

„Aber ich kann sie doch nicht treten!", widersprach Graulöckchen.

„Klar kannst du das", entgegnete Raubein. „Jeder ist sich selbst der Nächste. So ist das nun mal in unserem Land."

„Jeder ist sich selbst der Nächste?" Graulöckchen schüttelte den Kopf. „Das verstehe ich nicht."

Edu nickte. „Raubein hat recht. Jeder denkt nur an sich. Und wenn der Wolf kommt, hofft jeder, dass der Nachbar gefressen wird. Damit er selbst verschont wird."

Verwirrt blickte Graulöckchen die beiden an. „Das kann nicht sein. Schaut euch an: Ihr denkt nicht nur an euch. Ihr seid meine Freunde."

„Wir sind deine Freunde, weil wir Esel sind." Raubein richtete sich stolz auf. „Du gehörst also zur Familie."

„Ja, so ist es." Edu wackelte mit den Ohren, um eine freche Fliege zu verscheuchen. „Esel halten zu Eseln. Hasen helfen Hasen. Und eine Krähe hackt der anderen kein Auge aus. Aber jede Familie sorgt nur für sich selbst."

Graulöckchen trat von einem Bein auf das andere. „Das verstehe ich nicht. Warum ist das so?"

„Du fragst zu viel!", schimpfte Raubein. „Es ist so, weil es so ist! Damit musst du dich abfinden!"

„Wie kann man sich damit abfinden?" Graulöckchen schüttelte so heftig den Kopf, dass seine Löckchen tanzten. „Es wäre doch viel schöner, wenn alle Tiere friedlich miteinander lebten." Er räusperte sich. „Die meisten Tiere zumindest. Und wenn der Wolf käme, könnten alle gemeinsam …"

„Unsinn!" Edu peitschte mit dem Schwanz hin und her. „So etwas gibt es nicht!"

Raubein klopfte mit einem Hinterlauf auf die Erde. „Komm! Lass uns kämpfen! Wir werden dir beibringen, wie ein Esel kämpft. Dann wird niemand mehr wagen, über dich zu lachen." Zur Bekräftigung seiner Worte schrie er, so laut er konnte, und stampfte so stark auf, dass der Boden erzitterte.

Graulöckchen hörte, wie Frau Hase ihren Kindern zurief: „Rette sich, wer kann! Gleich wird die Erde aufreißen und uns alle verschlingen!"

Nun musste Graulöckchen mit Raubein und Edu kämpfen, obwohl er gar keine Lust dazu hatte. Endlich ließ Raubein von ihm ab. „Genug für heute! Ich habe Hunger!"

Edu nickte. „Ich auch."

„Geh jetzt und zeig den anderen, was für ein starkes Tier du bist!", forderte Raubein Graulöckchen auf.

Nachdenklich trabte der junge Esel in den Wald. An einem Bächlein trank er sich satt, dann galoppierte er weiter. Auf einer kleinen Lichtung duftete es so nach würzigen Kräutern und süßen Blumen, dass Graulöckchen das Wasser im Maul zusammenlief. Er blieb stehen und fing an zu fressen.

Nach einer Weile bemerkte er ganz in der Nähe die beiden Kaninchen Kalle und Kuno, die mal hierhin und mal dahin sprangen. Langsam näherte sich Graulöckchen ihnen und spitzte die Ohren.

„Lass uns um die Wette buddeln!", rief Kalle.

„Au ja!", antwortete Kuno und fing an, ein Loch in den Rasen zu scharren. Ein paar Meter weiter begann Kalle zu graben.

Auf einmal hörte Graulöckchen noch ein anderes Geräusch. Schnell schluckte er ein Blatt Breitwegerich hinunter und lauschte konzentriert.

Da hörte er es wieder: Unter den Sträuchern am Rand der Lichtung raschelte es.

Graulöckchen hob den Kopf und schnupperte in Richtung der Sträucher. Als der Wind einen stechenden Geruch herüberwehte, musste er niesen. „Ekelhaft", murmelte er und schüttelte sich. „Diesen Gestank kenne ich. Er ist widerlich und gefährlich. Vor allem für kleine Grabeflinks, die nicht aufpassen."

Die beiden Kaninchen hatten schon tiefe Löcher gebuddelt, Graulöckchen sah nur noch zwei Stummelschwänzchen herausgucken. Er galoppierte zu ihnen und stampfte auf den Boden. „Alarm! Der Fuchs!"

Sofort krabbelten die Kaninchen rückwärts aus ihren Gängen heraus und blickten sich um.

„Niemand da", meinte Kalle.

Kuno schaute Graulöckchen mit zusammengekniffenen Augen an. „Das sagst du nur, weil du uns ärgern willst."

Kalle hob sein Pfötchen. „Genau! Weil wir über dich gelacht haben!"

„Nein!", rief der Esel. „Der Fuchs hockt dort drüben im Gebüsch. Ich habe ihn gewittert."

„Gewittert?" Kuno schnüffelte. „Ich rieche nur Klee und Löwenzahn. Komm, Kalle, lass uns weiterbuddeln!"

Schon verschwanden die beiden wieder in ihren Erdlöchern.

Da schoss der Fuchs aus seinem Versteck heraus.

Graulöckchen trampelte mit den Hufen zwischen den beiden Grabelöchern der Kaninchen herum und schrie, so laut er konnte: „Iah! Iah! Alarm! Alarm!"

Als die Kaninchen erneut herauskrabbelten, war der Fuchs schon ganz nahe. Entschlossen versperrte Graulöckchen ihm den Weg und rief den Kaninchen zu: „Lauft weg!"

Während Kalle und Kuno zum Waldrand flüchteten, schrie und trampelte der Esel, um den Fuchs zu vertreiben. Der ließ sich allerdings nicht so schnell einschüchtern, sondern versuchte, an ihm vorbeizukommen. Da trat Graulöckchen den Fuchs so stark in die Seite, dass er aufjaulte und in die entgegengesetzte Richtung davonrannte.

Später traf der Esel die beiden Kaninchen im Wald wieder.

„Du hast uns das Leben gerettet", sagte Kalle.

„Obwohl wir dich geärgert haben", ergänzte Kuno.

„Danke", sagte Kalle.

Kuno nickte. „Großen, dicken Dank."

„Großen, dicken Kaninchendank." Kalle strich sich mit der Pfote übers Ohr. „Wenn du einmal Hilfe brauchst, helfen wir dir ebenfalls."

Kuno nickte wieder. „Ja, wir helfen dir auf alle Fälle."

„Ihr wollt mir helfen, weil ich euch geholfen habe?" Der Esel schüttelte seine Mähne. „Das ist nicht richtig. Helft lieber dem, der gerade eure Hilfe braucht."

Kalle strich sich über das andere Ohr. „Das verstehe ich nicht."

Kuno schnüffelte. „Ich auch nicht."

Was wird Graulöckchen den Kaninchen antworten?

Wie könnte die Geschichte weitergehen?

Die meckernde Meta

Die beiden jungen Ziegen Zilly und Ziena sprangen ausgelassen über eine Frühlingswiese.

„Ist das schön hier draußen!", lachte Zilly.

Ziena jubelte: „Der Winter ist vorbei! Wir müssen nicht mehr im finsteren Stall hocken! Endlich wieder frische Luft! Das tut sooo gut."

Doch ihre Schwester Meta meckerte: „Euer Gehopse geht mir auf die Nerven! Macht nicht solchen Lärm!"

Zilly bremste ihren letzten Sprung ab und landete genau neben Meta. Sie musterte sie von oben bis unten. „Was ist los, Meta? Hast du Zahnschmerzen?"

„Oder Bauchschmerzen?", fragte Ziena.

„Noch nicht", brummte Meta. „Aber wenn ihr weiter so herumspringt, kriege ich Kopfweh."

„Du solltest mit uns springen", schlug Zilly vor. „Sport ist gesund und hält fit. Wir könnten einen Wettbewerb veranstalten."

„O ja!", rief Ziena. „Wir messen unsere Kräfte im Weitsprung, Hochsprung und Ziegenwettrennen."

Meta stampfte auf. „Ihr habt wohl Dreck in den Ohren, oder was? Ich habe gesagt, ich will kein Gespringe und Gehopse!"

„Aber freust du dich denn gar nicht, dass der Winter endlich vorbei ist?", fragte Zilly.

Meta schob ihre Unterlippe vor. „Pff. Das wurde ja auch Zeit! Habt ihr etwa gedacht, wir müssten ewig im Stall hocken?"

Da ertönte die Stimme der Mutter vom anderen Ende der Wiese her: „Kommt, Kinder! Hier wachsen die besten Kräuter, die ihr je gekostet habt!"

Sofort eilten Zilly, Ziena und Meta zu ihrer Mutter. Auch alle anderen Geschwister kamen angesprungen.

Zilly probierte zuerst ein großes Blatt vom Löwenzahn. „Hmm, wie lecker!", seufzte sie. „Das schmeckt ganz anders als das trockene Winterfutter."

Ziena nickte. „Ja, das ist ein Genuss!"

„Ich weiß gar nicht, was ihr habt." Meta zog ein Gesicht, als hätte sie fauliges Stroh im Maul. „Dieses Grünzeug schmeckt, wie es schmecken muss. Ich dachte, es gäbe hier noch etwas Besseres."

Zillys Bruder Hippel stieß Meta in die Seite. „Was meckerst du ständig herum? Du hast wohl zu viel Sauerampfer gefressen, oder was?"

„Meck, meck, geh weg!", schimpfte Meta. „Immer stänkerst du mit mir!"

Hippel stieß sie erneut an. „Und du meckerst schon wieder!"

Bevor Meta darauf antworten konnte, riefen die Zwillinge Mecky und Becky wie aus einem Maul: „Kommt alle her! Die frischen Blätter der Buche hier sind einfach köstlich!"

Kurz darauf zupfte die ganze Familie Ziege an den Ästen der Buche herum.

Zilly knabberte ein Stück Rinde und Ziena ließ sich einen zarten Zweig schmecken. Nur Meta nörgelte: „Ich weiß gar nicht, was ihr alle habt! Der eine scheucht mich hierhin, der andere dahin! Jeder verspricht das beste und leckerste Futter. Aber das ist alles nichts Besonderes! Das gibt es doch jeden Tag auf der Weide!"

Nach dem Fressen sprang Zilly zum Bach. Ziena und Meta folgten ihr.

Als sie sich satt getrunken hatte, seufzte Zilly: „Das war gut! Dieses frische Wasser ist ein Labsal!"

„Ein Labsal?" Meta lachte meckernd. „Was soll das denn sein? Du sprichst wie unsere Urgroßmutter."

„Ein Labsal ist eine himmlische Erfrischung", erklärte Ziena. „Ein Hochgenuss! Es schmeckt köstlich. Und es stillt den Durst.

„Unsinn!" Meta schüttelte den Kopf. „Wasser ist Wasser, was sonst?"

Später streckten sich Zilly, Ziena und Meta auf der Wiese aus. Nach einer Weile stöhnte Meta: „Ist das langweilig! Wer hat Lust, mit mir nach einem neuen Abenteuer zu suchen?"

Zilly blinzelte. „Ich finde es gar nicht langweilig. Schau nur, wie schön das alles hier ist! Das Licht der Sonne bringt die Blumen und Gräser zum Leuchten. Die Kräuter duften. Die Vögel singen. Und ich kann in Frieden hier liegen, umgeben von meiner großen Familie."

„Das kannst du doch alle Tage haben", brummte Meta. „Wenn du nicht mit mir auf Abenteuersuche gehen willst, können wir auch etwas anderes spielen."

„Jetzt nicht", sagte Zilly. „Jetzt ruhe ich mich aus."

Meta stand auf. „Und was ist mit dir, Ziena?"

Ziena gähnte. „Ich bin müde. Müde, satt und zufrieden. Ich möchte ein wenig schlafen."

Mit zusammengezogenen Brauen schaute Meta auf ihre beiden Schwestern herab und murrte: „Ihr liegt da wie eure

eigenen Urgroßmütter! Das habt ihr nun von eurem Ge-springe und Gehopse! Wahrscheinlich habt ihr auch viel zu viel gefressen und getrunken. Passt nur auf, dass ihr hier nicht Wurzeln schlagt!"

Zilly wedelte mit dem Schwänzchen, als wollte sie eine Fliege vertreiben. „Nun geh schon, Meta. Geh und such dein Abenteuer!"

„Das werde ich!", keifte Meta. „Ihr werdet euch noch schwarzärgern, weil ihr nicht mit mir gekommen seid!" Damit sprang sie in großen Sätzen davon.

Zilly beobachtete, wie Meta von einer Ziege zur nächsten lief. Jede sprach eine Weile mit Meta und schüttelte dann den Kopf.

Als hätte sie die Gedanken ihrer Schwester erraten, sagte Ziena: „Niemand will mit ihr spielen."

„Das ist ja auch kein Wunder." Zilly rollte sich auf die Seite und legte ihren Kopf ins weiche Gras. Dann schloss sie die Augen und genoss die Wärme der Sonne.

Worüber freuen sich Zilly und Ziena?

Warum findet Meta niemanden,
der mit ihr spielen möchte?

Worüber kannst du dich freuen?

Das Geheimnis des Loblieds

Kasimir, das Kaninchen, saß früh am Morgen vor seinem Bau und beobachtete, wie die Sonne aufging. Von Zeit zu Zeit schlug er die Pfötchen zusammen und seufzte: „Ach, wie ist das schön!"

„Das finde ich auch", flötete Amadeus, die Amsel. Nachdem Amadeus mehrere Runden über der Wiese gedreht hatte, landete er auf dem Ast einer Birke und fing an zu singen:

„Gott, ich danke dir, du bist so gut zu uns! Du hast die Sonne gemacht. Das Licht der Sonne vertreibt die Finsternis und lässt es warm werden auf Erden. Danke, Gott, du Schöpfer der Welt! Du hast uns das Leben geschenkt. Du schenkst uns Nahrung. Danke, Gott! "

„Ich danke dir auch, unser Gott", flüsterte Kasimir. „Aber da ich nicht so gut singen kann, brauche ich ein Instrument." Er schaute sich um und hoppelte ein Stück über die Wiese, bis zum Rand des Waldes.

Dort fand er einen hohlen Ast. „Das ist die perfekte Trommel", freute er sich.

Er rollte den Ast ein Stück auf die Wiese, setzte sich dahinter und begann zu trommeln. Dazu sprach er im Takt:

„Dan-ke – Gott.
Ich – danke – dir.
Du – bist – gut.
Das – macht – froh. "

Amadeus schaute zu Kasimir herunter, legte den Kopf schief und stimmte kurz darauf eine passende Melodie an. Während die beiden so miteinander musizierten, kam Hoppsi,

der Hase, über die Wiese gesprungen. Er trug ein Salatblatt und schien es sehr eilig zu haben.

Als er das Kaninchen erblickte, bremste er scharf und fragte erstaunt: „Kasimir? Was machst du hier?"

Kasimir unterbrach sein Trommelspiel. „Hallo Hoppsi! Du hetzt dich ja ab, als wäre der Fuchs hinter dir her. Nimm dir doch einen Moment Zeit, um mit Amadeus und mir Gott zu loben!"

Der Hase schüttelte den Kopf. „Du bist wohl nicht gescheit! Ich habe keine Zeit! Zu Hause warten Frau und Kind. Ich muss zu ihnen ganz geschwind."

Bevor Kasimir noch etwas erwidern konnte, hastete Hoppsi mit großen Sprüngen davon.

„Schade", seufzte das Kaninchen. „Hoppsi mit seiner Dichtkunst hätte unser Gotteslob sehr bereichern können."

„Willst du jetzt auch auf Salatsuche gehen, Kasimir?", zwitscherte Amadeus.

„Nein, dazu ist später noch Zeit", antwortete das Kaninchen. „Lass uns noch ein Loblied singen. Ich habe mich gerade warm getrommelt."

Kaum hatten sie wieder angefangen zu musizieren, landete eine Schar Krähen auf dem Baum nebenan.

„Was ist denn hier los?", krächzte die Erste.

Die Zweite fragte: „Wofür probt ihr beide denn?"

„Was für eine witzige Band!", lachte die Dritte.

Kasimir unterbrach seine Trommelei. „Wir musizieren einfach so. Wir freuen uns und danken Gott, weil er so gut zu uns ist."

„Gott soll gut sein?", erwiderte die erste Krähe. „Wenn er gut wäre, müssten wir uns nicht Tag für Tag abmühen, um ein bisschen Futter zu finden."

„Genau!" Die Zweite stieß ihren Schnabel nach vorn, als wollte sie jemanden angreifen. „Wenn Gott gut wäre, müssten wir uns nicht vor dem Marder, dem Fuchs und dem Milan verstecken."

Die dritte behauptete: „Ich habe Gott noch nie gesehen, also gibt es keinen Gott." Vier andere gaben ihr recht. Und da die Krähen ein geschwätziges Völkchen sind, fing eine nach der anderen an, zu spektakeln und zu spotten.

So viele schwarze Vögel!, dachte Kasimir und machte sich so klein wie möglich. *Vielleicht sollte ich lieber verschwinden?* Er warf einen Blick auf Amadeus.

Die Amsel saß ganz ruhig da. Wie es schien, bereitete sie sich auf ihr nächstes Lied vor.

„Fürchtest du dich nicht vor ihrem Spott?", fragte Kasimir.

„Ist Gott nicht viel größer und mächtiger als jedes Tier auf dieser Erde?", entgegnete die Amsel. „Mein Lied für Gott ist wichtiger als das Geplärr dieser Schwarzseher."

Als sie wieder anfing zu singen, schloss Kasimir die Augen und lauschte aufmerksam. Ihr Loblied durchdrang das Gekrächze der Krähen und schenkte ihm neuen Mut.

Da öffnete er die Augen und wandte sich wieder seiner Trommel zu. Je länger er musizierte, desto weniger störten ihn die ungebetenen Gäste. Schließlich merkten die Krähen, dass sich die Amsel und das Kaninchen nicht von ihrem Spott beeindrucken ließen, und flogen davon.

Nachdem sie verschwunden waren, ertönte plötzlich ein weiteres Instrument. Es war die Geige des Grashüpfers.

Am nächsten Morgen saß das Kaninchen wieder vor seinem Bau und freute sich am Sonnenaufgang. Wieder landete die Amsel auf der Birke und zwitscherte: „Guten Morgen, Kasimir. Wollen wir wieder gemeinsam Gott loben?"

„Gern, Amadeus", freute sich das Kaninchen. „Ich hatte gestern den ganzen Tag über gute Laune."

Amadeus zwinkerte. „Dann hast du das Geheimnis des Lobes Gottes schon herausgefunden."

Kasimir zupfte sich am Ohr. „Welches Geheimnis?"

„Nun", flötete die Amsel, „wenn du Gott lobst, wirst du dabei selber froh. Und du bekommst neue Kraft für all deine Aufgaben. Es ist, als würde durch das Lob Gottes ein Stück Himmel in dein Herz einziehen."

„Ach so ist das!", staunte Kasimir. „Dann ist ja das Gotteslob doppelt gut."

„Mehr als doppelt gut", antwortete Amadeus. „Denn niemand kann sich vorstellen, was das Lob Gottes alles bewirkt. Es heißt sogar, dass man sich dadurch Schätze bei Gott sammelt. Aber dazu kann ich nicht viel sagen, ich bin nur eine einfache kleine Amsel. Lass uns jetzt musizieren!"

Schnell sprang Kasimir zu seiner Trommel und Amadeus fing an zu singen.

Doch während sie miteinander musizierten, spürte Kasimir auf einmal, dass sich der Boden unter seinen Füßen bewegte. Erschrocken sprang er zur Seite und gleich darauf rollte ihm seine Trommel hinterher. Dort, wo der hohle Ast zuvor gelegen hatte, wuchs in Windeseile ein Erdwall in die Höhe. Dann tauchte plötzlich der graue Kopf von Maxe Maulwurf auf.

Maxe spuckte ein paar Erdkrumen aus und brummte:

„Was ist denn hier los? Haben wir etwa ein Erdbeben, oder was? Mein ganzer Bau rüttelt und schüttelt, dass mir die Erde um die Ohren fliegt. Und der Krach erst … Ohne Erde in den Ohren wäre mir sicher schon das Trommelfell geplatzt, oder was!"

Kasimir lachte fröhlich. „Ach du bist es, Maxe. Keine Sorge, das ist kein Erdbeben. Wir haben nur ein bisschen Musik gemacht. Die Strahlen der Sonne haben meine Seele gestreichelt, und da konnte ich gar nicht anders, als Gott mit meiner Trommel zu loben."

Der Maulwurf zwinkerte und drehte den Kopf hin und her. „Deine Stimme kenne ich, aber ich weiß nicht, wer du bist."

„Ich bin Kasimir, das Kaninchen. Und oben im Baum sitzt Amadeus, die Amsel. Wir freuen uns über den neuen Morgen und danken und loben Gott dafür. Und da ich leider nicht so eine schöne Singstimme wie Amadeus habe, trommle ich den Takt zu ihrem Lied."

„Bei euch piept's wohl, oder was!", schimpfte der Maulwurf. „Wie kann man früh am Morgen singen und trommeln? Trommeln … ph … Kein Wunder, dass mir das Trom-

melfell zittert! Hört sofort auf damit! Graben muss man, graben und fressen! Mach dich an die Arbeit, Kasimir, vom Trommeln wird niemand satt! Und nun buddelt euch weg, oder was!"

Damit verschwand Maxe in seinem neu aufgeworfenen Maulwurfshügel.

„Buddeln werde ich bestimmt nicht", flötete Amadeus, „da kann der Mauwurf schimpfen, wie er will."

„Das brauchst du auch nicht." Kasimir wackelte vergnügt mit den Ohren. „Der Maulwurf kann schließlich auch nicht fliegen und Nester in den Bäumen bauen. Komm, wir machen weiter mit unserem Gotteslob. Ich rolle meine Trommel noch ein Stückchen weg von Maxes Bau und dann kann es losgehen."

Als Kasimir am nächsten Morgen seine Erdhöhle verließ, hielt er vergeblich Ausschau nach der Sonne. Alles war grau in grau, nach einer Weile fing es sogar an zu regnen. „Kein Wetter, um Gott zu loben", seufzte das Kaninchen, hoppelte eine Runde und überlegte, ob es sich wieder verkriechen sollte.

Da landete die Amsel auf ihrem Stammplatz und fragte: „Bist zu bereit zum Musizieren, Kasimir?"

„Musizieren? Bei diesem Wetter?" Das Kaninchen schnupperte in die Luft. „Ich habe eben überlegt, ob ich mich lieber noch ein bisschen schlafen lege."

Anstelle einer Antwort fing Amadeus an zu singen: „Gott, ich lobe dich für den Regen, der allen Pflanzen und Tieren Wasser zum Leben schenkt. Danke, dass die finstere Nacht vorbei ist und der Sturm mein Nest nicht zerstört hat. Ich freue mich, dass meine Familie gesund und munter ist und dass ich fliegen und singen kann."

„Du hast recht, Amadeus!", rief Kasimir. „Gott kann man

immer loben. Nur gut, dass du mich daran erinnert hast! Warte, ich hole nur schnell meine Trommel."

Damit hoppelte er zum Waldrand, fand den hohlen Ast und rollte ihn, weit weg von den Hügeln des Maulwurfs, unter das schützende Blätterdach einer Eiche.

Noch bevor er damit fertig war, kam Hoppsi, der Hase, angesprungen. Hinter ihm joggte seine Frau Hanni mit fünf Hasenkindern. Hoppsi bremste seinen Lauf und schlüpfte zu Kasimir unter das Dach der Eiche. Seine Frau und die fünf Kinder folgten ihm und beäugten Kasimirs Trommel.

„Was machst du da?", fragte Hugo, das älteste Hasenkind.

„Das ist meine Trommel", erläuterte Kasimir. „Amadeus und ich musizieren zusammen zu Gottes Lob."

„Hmpf." Hoppsi schnüffelte verächtlich: „Trommelt auf 'nen hohlen Ast. Hat die Arbeit ganz verpasst."

„Das stimmt nicht", entgegnete Kasimir. „Nach unseren Lobliedern habe ich mehr geschafft als je zuvor. Weil ich im Herzen gespürt habe, dass Gott da ist."

Amadeus trillerte laut, bis alle zu ihm aufsahen. „Wenn man Gott, den Schöpfer, lobt, wird man froh. Danach erledigt sich die Arbeit fast von selbst."

Hoppsi schüttelte den Kopf. „Das kann ich dir nicht glauben. Die Zeit wollt ihr mir rauben."

„Niemand will dir deine Zeit rauben", rief Kasimir. „Aber Amadeus hat recht. Durch das Lob Gottes bekommt man neue Kraft und Gott hilft einem bei der Arbeit. Doch das kann man nicht erklären, das muss jeder selbst ausprobieren."

Anstatt noch länger darüber zu reden, fing die Amsel an zu singen. Kasimir schloss die Augen, damit er sich besser konzentrieren konnte, und begann zu trommeln. Nach der ersten Strophe erklang wieder die Geigenmusik des Gras-

hüpfers und nach der zweiten Strophe mischten sich plötzlich andere Trommeltöne in sein Spiel.

Kasimir öffnete die Augen und sah, dass Hugo, der noch
immer neben ihm hockte, voller Freude mit auf den hohlen
Ast trommelte. Ein anderer Hasenjunge klopfte mit einem
Stock an den Baum und die drei Hasenmädchen wiegten
sich mit geschlossenen Augen hin und her und summten.

Lachend trommelte Kasimir weiter und begann mit seinem Sprechgesang:

„Dan-ke – Gott.
Ich – danke – dir.
Du – bist – gut.
Das – macht – froh."

„Hör auf, du Wicht, das reimt sich nicht", brüllte Hoppsi
dem Kaninchen ins Ohr.

Kasimir hörte auf zu sprechen, trommelte weiter, drehte
sich zum Hasenvater um und nickte ihm aufmunternd zu.

Da fing Hoppsi im Takt der Trommel an zu reimen:

„Dan-ke – Gott.
Du – bist – gut.
Dan-ke – Gott.
Das – macht – Mut.
Und – auch – froh,
so-wie-so.
Nimm den Dank
mein Leben lang.
Du bist ja so wun-der-bar.
Das wird mir jetzt son-nen-klar."

Während die Amsel, das Kaninchen, der Grashüpfer und die

Hasen Gott lobten, kam Wanda, die Waldmaus, mit ihrer Familie. Sie hatte in letzter Zeit mehrmals Nachwuchs bekommen, deshalb war ihre Familie so groß, dass Willibald, ihr Mann, beim Zählen der Kinder ständig durcheinanderkam.

„Oh, hier geht wohl eine Party ab?", pfiff Willibald. „Warum hat uns niemand eingeladen?"

„Vielleicht, weil wir so viele sind?", überlegte Wanda laut.

„Seid willkommen, ihr Mäuse!", flötete Amadeus. „Jeder ist willkommen! Wir singen und musizieren zu Gottes Lob!"

„Au ja", piepste eines der Mausekinder. „Eine Party für Gott! Da will ich mitmachen!" Und schon fingen die Mausekinder an, für Gott zu pfeifen, zu singen und zu klatschen. Einige tanzten sogar dazu.

Kasimir schlug weiter den Takt auf seiner Trommel und Hoppsi wiederholte seinen Reim:

„Dan-ke – Gott.
Du – bist – gut.
Dan-ke – Gott.
Das – macht – Mut.
Und – auch – froh,
so-wie-so.
Nimm den Dank
mein Leben lang.
Du bist ja so wun-der-bar.
Das wird mir jetzt son-nen-klar."

Und als der Hase mit seinem Reim fertig war, kam die Sonne heraus, und Kasimir entdeckte einen herrlich bunten Regenbogen am Himmel.

Warum musizieren Kasimir und Amadeus miteinander?

*Wie reagieren Amadeus und Kasimir
auf den Spott der Krähen?*

*Die Amsel spricht von einem Geheimnis.
Was meint sie damit?*

*Die beiden Musiker lassen sich durch niemanden von
ihrem Gotteslob abbringen. Was erleben sie dabei?*

Wurzi will nicht

Im Winkelwald wohnte Wurzi, das Wildschwein. Er hieß Wurzi, weil er immer *wurz* statt *grunz* sagte, denn er wollte es anders machen als die anderen. Die anderen, das war seine große Familie, die Rotte. Die Chefin dieser Rotte war die Leitbache, seine Tante Wally.

Wally befahl: „Wir werden wühlen!", und alle fingen an zu wühlen, auch die kleinen Wildschweine. Die Frischlinge gruben mit den Vorderläufen in der Erde, weil ihre Rüssel dafür noch zu empfindlich waren.

Wurzi war nicht mehr ganz so klein, er war schon etwas größer. Er hatte schon Kraft in seinem Rüssel und stupste seine Mutter an. „Ich will jetzt nicht wühlen! Warum muss ich immer machen, was alle machen? Ich will kuscheln!"

Die Mutter fuhr ihm zärtlich durchs Fell. „Wally hat gesagt: *Wir werden wühlen*. Deshalb werden wir jetzt wühlen."

„Aber ich will das nicht! Ich will kuscheln!" Wurzi stampfte mit zwei Beinen zugleich auf.

„Kuscheln können wir später", entgegnete die Mutter.

„Warum nimmst du dir keine Zeit für mich, Mama?", fragte Wurzi trotzig. „Du hast mich wohl nicht mehr lieb?"

„Ich habe dich immer lieb und das weißt du." Die Mutter fuhr ihm noch einmal mit ihrem Rüssel über den Rücken. „Und gerade, weil ich dich lieb habe, muss ich dich lehren, die Regeln der Rotte zu befolgen. Denn ich wünsche mir, dass du im Leben gut zurechtkommst. Aber ohne Regeln funktioniert das nicht. Und nun geh und tu, was Wally gesagt hat! Wühle!"

Damit entfernte sie sich ein Stück von Wurzi, stieß ihren Rüssel in den Boden und wühlte.

Wurzi lief ihr nach und grub an ihrer Seite. Nachdem er drei Würmer verspeist hatte, fing er wieder an zu fragen: „*Wurz*. Wieso bestimmt Wally, was wir tun sollen?"

„Weil sie unsere Leitbache ist", erwiderte die Mutter. „Und die Leitbache trifft die Entscheidungen für die Rotte. Merke dir die wichtigste Regel der Rotte: *Folge den Weisungen der Leitbache, dann geht es dir gut.*"

„Und warum ist Wally die Leitbache?", fragte Wurzi weiter.

Die Mutter antwortete nicht gleich, denn sie wühlte eifrig.

„*Wurz!* Warum ist Wally die Leitbache?", wiederholte Wurzi.

Nachdem seine Mutter schmatzend eine Wurzel verspeist hatte, erklärte sie: „Wally ist die größte und dickste Wildsau. Sie hat am meisten Kraft, darum hat sie schon viele Kämpfe gewonnen. Sie hat ein gutes Gehör und kann gut schnüffeln. Und sie ist klug. Sie trifft zur rechten Zeit die richtige Entscheidung. Dabei denkt sie nicht nur an sich, sondern an die ganze Rotte. Deshalb ist Wally die Leitbache. Und nun sei still, Wurzi, und wühle!"

„Ich habe auch schon viele Kämpfe gegen meine Brüder gewonnen", grummelte Wurzi, senkte seinen Rüssel und buddelte damit im Erdreich. Es dauerte nicht lange, bis er wieder einen fetten Wurm fand. Er fraß ihn auf und hob den Kopf.

Da entdeckte er Grunzelina, seine älteste Schwester. Er lief zu ihr und stieß sie in die Seite. „*Wurz.* Warum ist Wally so groß und stark?"

„Schau hin, dann siehst du es!", grunzte seine Schwester. „Wally ist die beste Wühlerin im Winkelwald. Dort, wo sie gewühlt hat, liegt kein Krümchen mehr auf dem anderen. Und weil Wally die beste Wühlerin ist, findet sie auch das meiste Futter. Und weil sie das meiste Futter findet, ist sie die größte und dickste Wildsau. *Grunz.*"

„*Wurz!* Ich kann auch gut wühlen!", rief Wurzi. „Ich werde beweisen, wie gut ich wühlen kann!" Nun fing er an, den Boden umzupflügen, dass die Batzen nur so flogen.

Grunzelina schmatzte und schüttelte den Kopf. „Du kannst dich anstrengen, sosehr du willst, du wirst trotzdem nie der Chef der Rotte sein. Weil du nämlich keine Bache, sondern ein Keiler sein wirst, wenn du groß bist. Aber ich bin eine Bache, ich kann eines Tages …"

„Wühlen, Kinder! Wenn gewühlt wird, wühlen alle!", unterbrach die Mutter das Gespräch der Geschwister. „Das ist eine Regel der Rotte und an die Regeln der Rotte muss man sich halten."

Wurzi gehorchte, fand eine Knolle und zerkaute sie

schmatzend. Sie schmeckte süß und saftig. Nachdem er sie aufgefressen hatte, schob er den Rüssel wieder ins Erdreich und pflügte es um. Sicher waren hier noch mehr solche Köstlichkeiten versteckt!

Da gab Wally das Signal: „Wir wollen weiterziehen!"

Sofort hörten alle Wildschweine auf zu wühlen.

Nur Wurzi murrte: „Ich will aber noch nicht weiterziehen! Ich will wühlen! Ich habe Hunger und rieche noch viele versteckte Leckerbissen." Er senkte seinen Rüssel und wendete einen Erdklumpen um.

Auf einmal war Wally neben ihm und stieß ihn unsanft in die Seite. „Halte dich an die Regeln der Rotte! Ein kleiner Keiler wie du sollte der Leitbache folgen, selbst wenn er Hunger hat."

Wurzi riss die Augen auf. Wenn Wally seine Worte verstanden hatte, musste sie sehr gut hören können.

„Komm!" Nun versetzte ihm auch noch die Mutter eine Kopfnuss. „Höre auf Wally! Sie hat am meisten Erfahrung und kennt sich am besten im Winkelwald aus."

„Achtung!", grunzte Wally. „Abmarsch! Alle Wildschweine wandern weiter! Ich gehe voran, ihr folgt mir im Wildschweinmarsch!"

Nachdem sie eine Weile gewandert waren, kamen sie an einen Schlammtümpel. „Halt!", kommandierte Wally. „Wir wollen uns suhlen!"

Sofort trotteten alle Wildschweine zum Tümpel. Sie tranken sich satt. Dann wälzten sie sich im Schlamm.

„Warum sagt sie immer *wir wollen*?", knurrte Wurzi. „Ich will mich nicht suhlen! Ich will wühlen!"

„Halte dich an die Regeln, Wurzi", mahnte die Mutter wieder. „Schau, alle anderen sind schon dabei, sich zu suhlen!" Sie nickte ihm aufmunternd zu und trottete in die Mitte des Tümpels.

Doch der kleine Keiler stampfte wütend auf. „Es ist mir egal, was die *anderen* wollen. Ich bin nicht die *anderen*. Ich bin Wurzi und Wurzi will nicht!"

Alle Wildschweine außer Wurzi grunzten, schnauften und planschten so laut, dass weder die Mutter noch Wally seine Stimme hörte. Daraufhin fing Wurzi an, am Rand des Tümpels zu wühlen. Er fand einen fetten Wurm, drei Eicheln, eine Kastanie, aus der schon ein Keim hervorkam, und eine Knolle. Genüsslich verspeiste er eines nach dem anderen.

Zuletzt fraß er die Knolle. Doch die Knolle war scharf,

seine Zunge brannte wie Feuer. Wurzi spuckte und keuchte: „Wasser! Ich brauche Wasser!"

Schnell sprang er in den Schlammtümpel und trank, bis das Brennen in seinem Maul nachließ. Leider gab es kein klares Wasser mehr, weil die anderen sich im Tümpel suhlten.

Endlich fing auch Wurzi an, sich zu suhlen. Der Schlamm kühlte seine Haut, das tat gut. Wurzi schloss die Augen, wälzte sich und grunzte behaglich.

Da ertönte Wallys Ruf: „Genug gesuhlt! Wir scheuern uns an den Bäumen und putzen uns gegenseitig!"

Wurzi tat, als hätte er Wallys Ruf nicht gehört.

Die Mutter grunzte: „Komm, Wurzi! Sonst verpasst du den Anschluss!"

„*Wurz!* Ich habe gerade erst angefangen, mich zu suhlen", protestierte er. „Das ist noch nicht genug, ich …"

„Komm sofort heraus und lass dich putzen!" Die Mutter knuffte ihn. „Sonst bist du nicht fertig, wenn wir weiterziehen. Die Rotte kann nicht auf einen Sturkopf warten, der sich nicht an die Regeln hält!"

Während er von der Mutter geputzt wurde, klagte Wurzi: „Warum schrubbst du so an mir herum? Ich bin kein kleiner Frischling mehr! Bald bin ich ein großer Keiler. Bald werde ich fortgehen und allein zurechtkommen!"

Die Mutter lachte. „Da musst du schon noch ein bisschen warten, bis du ein Keiler bist und weggehen kannst! Du musst noch viel lernen, Wurzi."

Nach dem Putzen gab die Leitbache das Signal zum Weiterwandern. Sie marschierten eine Weile und dann war es wieder Zeit zum Wühlen. Alle begannen erneut, den Waldboden umzupflügen. Sobald sie etwas zum Fressen fanden, schmatzten sie genüsslich.

Wurzi hob den Kopf, schnüffelte und schaute sich um. „*Wurz*", maulte er. „Ich will nicht wühlen, ich will mich

suhlen. Hier ist ein Gegrunze und Geschmatze wie in einem Schweinestall." Er verdrehte genervt die Augen.

Aber weil alle beschäftigt waren und Wildschweine kurzsichtig sind, sah es niemand.

Wurzi entfernte sich ein Stück von der Rotte. Er fand eine Schlammpfütze und stieg hinein. Nach dem Schlammbad trottete er zu einer Eiche und scheuerte sich an deren Stamm. Während er sich scheuerte, beobachtete er aus der Ferne die Rotte. Seine Mutter und die Leitbache standen mit vier anderen Bachen zusammen. Sie lauschten.

Was die nur immer haben, dachte Wurzi. *Wer soll uns schon etwas tun wollen? Aber lauscht nur, lauscht, mir kommt das gerade recht!*

Und *wurzdiburz* lief er los. Er rannte, so schnell er konnte. Weg von der Mutter. Weg von Wally. Weg von der Rotte.

Als er eine ganze Weile gerannt war, blieb er stehen und lauschte.

Alles war still, kein Schmatzen und Grunzen mehr.

„*Wurz!*", jubelte er und sprang ausgelassen umher. „Jetzt bin ich frei! Keine Regeln mehr. Ich werde tun und lassen, was ich will. Ich brauche keine Leitbache und keine Rotte. Ich bin stark, ich kann gut wühlen, gut hören und gut schnüffeln. Ich komme allein zurecht!"

„Dasss issst Unsssinn", säuselte eine Stimme, die in seinen Ohren kitzelte. „Ssso ein Unsssinn! Ssso allein bissst du nicht sssicher."

Verblüfft drehte Wurzi sich im Kreis. Doch sosehr er auch schnüffelte und seine Augen aufriss, er konnte niemanden riechen oder sehen.

„Sssiehssst du! Du bissst nicht sssicher. Ich könnte dich sssstechen."

„Stechen?", fragte Wurzi. „Wer bist du?"

Da flog eine Biene so dicht vor seiner Nase herum, dass er

sie sehen und riechen konnte. Sie roch nach Fichtennadeln und Rapsblüten.

„Ich bin Sssusssasssita Sssumssselbrumsss", summte die Biene. „Und wer bissst du?"

„Ich bin das Wildschwein Wurzi", antwortete der junge Keiler.

„Dasss du ein Wildschwein bissst, sssehe ich", säuselte die Biene. „Du hassst dich von den anderen entfernt. Dasss issst nicht gut, Wurzi. Kehr um, sssolange esss noch geht."

„*Wurz*, du bist wohl nicht gescheit!", schimpfte das kleine Wildschwein. „Ich kehre doch nicht um! Ich brauche keine *anderen*. Und außerdem wäre ich schön dumm, wenn ich auf so einen Winzling wie dich hören würde!"

„Sssei nicht ssso ssstolz", brummte die Biene und umkreiste Wurzi so schnell, dass ihm schon vom Zusehen ganz schwindlig wurde. „Hör auf meinen Rat! Ich kenne mich ausss. Ich ssselbssst wohne und arbeite in einem großßßen Bienenssstaat. Ich weißßß, dasss ich nichtsss bin ohne die anderen. Jeder in unsssserem Bienenssstaat hat seinen Platz und ssseine Aufgabe. Alle müsssen sssich an die Regeln halten, dann issst allesss gut. Ssso hat esss der Schöpfer geplant, ssso sssoll esss sssein."

„Lass mich in Ruhe, du Winzling." Wurzi stampfte auf, dass der Boden erzitterte. „Ich brauche die *anderen* nicht und ich brauche keine Regeln."

„Wie du willsssst", summte Susasita Sumselbrums. „Ich habe dich gewarnt. Ich fliege jetzt wieder an meine Arbeit, musss sssammeln und sssummen." Damit schwirrte sie davon, um neuen Nektar zu sammeln.

„Dumme Sumsel", grunzte Wurzi. „Ich werde mir jetzt ein paar Leckerbissen suchen. Dann werde ich genüsslich baden. Und dann sehe ich weiter. Niemand wird mir sagen, was ich zu tun habe! Ich bin frei!"

So stromerte er durch den Wald, suhlte sich und stöberte im Schlamm herum. Nachdem er sich am Stamm einer Buche geschabt hatte, fing er wieder an zu wühlen.

Da kam ein junger Rehbock und rief: „Ach du grünes Blatt! Was ist denn hier los? Warum buddelst du denn den halben Wald um?"

„Weil ich wühle." Wurzi zog den Rüssel aus dem Schlamm. „Hier gibt es jede Menge leckere Wurzeln."

„Ich verstehe zwar nicht, was an der Wühlerei schön sein soll, aber gut, wenn es dir Spaß macht, dann wühle ruhig."

„Was heißt hier *Spaß macht*? Ich bin Wurzi, das Wildschwein. Und Wildschweine wühlen immer."

„Mein Name ist Ranko." Der Rehbock kam ein Stück näher. „Wäre es möglich, dass du in diese Richtung buddelst?" Er deutete mit dem Kopf nach rechts.

„Warum?", wollte Wurzi wissen.

„Weil dort drüben meine Lieblingskräuter wachsen." Ranko deutete nach links. „Ich möchte nicht, dass die vergraben werden."

„Na gut", grunzte Wurzi. „Ich lasse deine Lieblingskräuter in Ruhe. Außerdem bin ich sowieso schon satt. Hast du Lust zum Spielen?"

„Ach du grünes Blatt, du willst mit mir spielen?", wunderte sich Ranko.

„Warum nicht?" Wurzi sprang über die Schollen, die er umgegraben hatte, und landete genau neben dem jungen Rehbock. „Wir könnten um die Wette rennen. Oder springen. Hoch und weit. Oder um die Wette buddeln."

„Buddeln werde ich auf keinen Fall", sagte Ranko. „Aber Springen ist gut."

Wurzi sprang, rannte und tobte mit Ranko und freute sich, dass er einen neuen Freund gefunden hatte.

Plötzlich ertönte ein Ruf aus dem Wald.

Ranko blieb stehen und lauschte. Der Ruf wiederholte sich. „Ach du grünes Blatt, meine Mutter ruft. Ich muss zurück zu meiner Familie. Mach's gut, Wurzi. Vielleicht treffen wir uns mal wieder."

„Ja, vielleicht", grunzte Wurzi. Er war enttäuscht, dass Ranko schon gehen muss-

te. Da ihm nichts anderes einfiel, wühlte er noch ein bisschen, fraß sich satt und war schließlich so müde, dass er kaum noch *wurz* sagen konnte. Rasch suchte er sich einen weichen Hügel im Unterholz und legte sich hin.

Ranko war jetzt sicher bei seiner Mutter. Aber Wurzi war ganz allein.

Auf einmal hatte er Sehnsucht nach seiner Rotte. Zu Hause schliefen seine Geschwister jetzt im Kessel, dem weichen Nest, das die Mutter eingerichtet hatte. Sie kuschelten sich eng aneinander, das tat gut und war schön warm. Nur Wurzi hatte niemanden zum Kuscheln. Ob Ranko auch mit seinen Geschwistern kuschelte?

Plötzlich zwickte ihn etwas am Bauch. Und dann noch einmal. Und noch einmal.

„Au!" Wurzi wälzte sich auf die andere Seite. Da zwickte es an mehreren Stellen zugleich.

„Verschwinde hier, du fettes Tier", riefen viele hohe Stimmen im Chor. „Du machst unser Haus kaputt."

Wurzi sprang auf, konnte aber niemanden sehen.

Nun riefen die Stimmen: „Allein sind wir klein, aber gemeinsam sind wir stark. Wir sind viele, viele, viele. Du kannst uns nicht zählen. Wag es ja nicht, eine von uns zu fressen!"

Wieder zwickte es an mehreren Stellen seines Körpers. Schnell lief Wurzi zu einem Baumstamm und scheuerte sich

ausgiebig. Dann untersuchte er noch einmal seinen Ruheplatz. Er stellte fest, dass er sich auf einen Ameisenhügel gelegt hatte.

„Geh weg, weg, weg!", schrien die Ameisen.

„Regt euch nicht auf, ich gehe ja schon", grunzte Wurzi. „Ich will euch nicht fressen. Mein Bauch ist voll, ich will nur schlafen, schlafen, schlafen."

Da befahl eine strenge Stimme: „Alle Ameisen an die Arbeit! Kinder versorgen! Haus reparieren! Einer für alle. Alle für einen."

Wurzi erinnerte sich an die Kommandos der Leitbache Wally. Wie es schien, gab es auch in der Welt der Ameisen so etwas wie eine Rotte. Und alle hielten zusammen. Das machte sie stark, obwohl sie sehr klein waren.

Er schüttelte diesen Gedanken ab und machte sich auf die Suche nach einem neuen Schlafplatz. „Ameisen sind Winzlinge", grunzte er. „Aber ich bin schon groß."

Unter einem Holunderbusch fand er ein geschütztes, weiches Plätzchen. Weit und breit war keine Ameise unterwegs. Wurzi legte sich hin und schlief sofort ein.

Kurz darauf fuhr er erschrocken in die Höhe. *Was ist das nur für ein Getrappel?*, fragte er sich. *Die Erde bebt, als wäre eine Wildschweinrotte im Anmarsch.*

Während Wurzi aus seinem Busch hervorkroch, rannte eine Gruppe Rehe vorbei. Mittendrin lief Ranko. Als er Wurzi sah, schrie er: „Der Wolf kommt!"

Da fing Wurzi ebenfalls an zu rennen.

Auf einmal gab der Boden unter seinen Füßen nach, und bevor er wusste, was ihm geschah, fiel er in eine Grube.

Sein Herz schlug wie wild, er zitterte am ganzen Leib und versuchte, sich ganz still zu verhalten. Er dachte: *Wenn ich jetzt bei der Rotte wäre, würde Wally den Wolf verjagen. Und falls es nötig wäre, würden die anderen Bachen ihr helfen. Aber*

*ich bin weggelaufen. Ich bin allein. Wenn der Wolf mich findet,
bin ich verloren.*

Plötzlich kitzelte eine bekannte Stimme sein Ohr. „Ach,
du schon wieder! Sssiehsssst du nun, wie wichtig die anderen
sssind?"

„Der Wolf", flüsterte Wurzi. „Wo ist der Wolf?"

„Keine Sorge, der Wolf hat einen anderen Weg genommen", summte Susasita Sumselbrums. „Und du kannsssst
froh sssein, dasss ich dich gefunden habe."

„Danke für die gute Nachricht, Sumsel", grunzte Wurzi.

„Nicht Sssumsssel", brummte die Biene. „Mein Name ist
Sssusssassssita Sssumsssselbrumsss."

„Es tut mir leid, *wurz*, aber so ein Name ist für ein Wildschwein unaussprechlich. Darf ich dich einfach nur *Biene*
nennen?"

„Ssso sssoll esss sssein", summte Susasita. „Und nun werde
ich dir helfen."

„Helfen? Wie willst du mir helfen, du W…, du kleine
Biene?" Beinahe hätte Wurzi wieder *Winzling* gesagt. Er
versuchte, mit dem Vorderlauf an der Wand der Grube zu
kratzen, und schüttelte den Kopf. „Die Grube ist zu eng, ich
stecke fest. Ich habe nicht einmal genug Platz zum Wühlen.
Und wenn ich mir nicht selbst helfen kann, wirst du es erst
recht nicht können."

„Esss gibt einen Weg", säuselte Susasita. „Ich bin zwar
klein, aber ich kann fliegen. Und ich habe viele Schwesssstern.
Gemeinsssam werden wir deine Familie sssuchen. Wir werden sssie finden, dasss versssichere ich dir, denn wir sssind
Meissster im Sssuchen. Wie heißßßt eure Königin?"

„Was für eine Königin?", fragte Wurzi.

„Wer bessstimmt in eurem Sssstaat?"

„Ah, jetzt verstehe ich!", rief Wurzi. „Bei uns nennt man
das Rotte. Wir haben keine Königin, aber eine Leitbache. Sie

heißt Wally! Und ja ... wenn du sie finden könntest, wäre das großartig! Ich bin sicher, dass mir meine Rotte helfen wird. Ganz sicher!"

„Sssag ich doch", summte Susasita und flog eilig davon.

Die Zeit verging. Wurzi saß in der Grube, hatte Hunger und Durst. Außerdem taten ihm alle Knochen weh. Aber er war dankbar, dass ihm die Biene helfen wollte.

Er dachte über ihre erste Begegnung nach und rief sich ihre Worte ins Gedächtnis: *„Ich weißßß, dasss ich nichtsss bin ohne die anderen. Jeder in unssserem Bienensssstaat hat seinen Platz und ssseine Aufgabe. Alle müssssen sssich an die Regeln halten, dann issst allesss gut. Ssso hat esss der Schöpfer geplant, ssso sssoll esss sssein."*

„Die Biene hat recht", stellte Wurzi fest. „Ich hätte bei der Rotte bleiben sollen. Ich habe alles falsch gemacht. Und falls es dich gibt, du Schöpfer, dann wäre es schön, wenn du mich hier rausholst. Ich werde mich in Zukunft an die Regeln halten."

Nach einer kurzen Pause fügte er hinzu: *„Wurz,* na ja, ich weiß nicht, ob ich es schaffe. Aber jedenfalls werde ich es versuchen."

Da kitzelte ihn wieder die Stimme der Biene in den Ohren. „Sssei tapfer, Wurzi, sssie sssind gleich da. Mach'sss gut, du dummesss Schweinchen!"

Endlich hörte er das vertraute Getrappel vieler Wildschweinfüße und kurz darauf ertönte Wallys Ruf: „Halt!"

„Keine Angst, Wurzi!", rief die Mutter. „Wenn es dunkel wird, sind wir dir ganz nahe!"

Dann wurde es finster. Aber das kam daher, dass sich Wally, die Mutter und eine andere Bache über den Grubenrand beugten.

Und schließlich hörte Wurzi Wallys Befehl: „Wühlen! Wühlen! Wühlen! Wühlt Wurzi raus!"

Da wusste Wurzi, dass er gerettet war.

Wodurch ist Wally zur Leitbache geworden?

Warum läuft Wurzi weg?

Was erklärt die Biene dem Wildschwein?

Was hat Wurzi durch seinen Ausflug gelernt?

Was kann Rosinchen helfen?

Laurentine Langohr, das Kaninchen, hoppelte aufgeregt am Waldrand entlang und rief: „Hallo? Ist hier jemand? Hier muss doch jemand sein. Irgendjemand!"

„Was ist denn los?", ertönte eine Stimme über ihr. „Warum springst du, als hätte dir jemand einen Schatz geklaut?"

Als Laurentine Langohr nach oben schaute, entdeckte sie auf dem Ast einer Birke die Elster Esmeralda.

„Ich brauche Hilfe!", antwortete Laurentine. „Meiner Freundin geht es nicht gut. Ich weiß nicht, wie ich ihr helfen kann. Die ganze Zeit …"

„Ein klarer Fall von Raubstahl", schnarrte die Elster.

„Raubstahl?" Laurentine zuckte mit den Ohren. „Was ist das?"

„Das weißt du nicht?" Esmeralda schüttelte ihr Federkleid zurecht. „Na ja, ist ja auch klar. Ihr Kaninchen seid von jeher kein besonders wachsames Völkchen gewesen. Euch kann man ja alles wegstehlen, was nicht angewachsen ist. Sicher hat jemand euren Bau ausgeraubt und nun schreist du hier herum und …"

„Nein!" Laurentine sprang ungeduldig hin und her. „Ich spreche nicht von einem Kaninchen. Mit meiner Freundin Rosinchen Reh stimmt etwas nicht. Sie liegt schon den ganzen Tag einfach da und frisst nichts. Verletzt ist sie nicht, aber …"

„Hach, sag das doch gleich", krächzte die Elster. „Zeig mir, wo sie ist, und ich werde ihr helfen."

„Sie liegt dort hinten, unter der dicken Eiche." Laurentine deutete mit der Pfote in die Richtung, aus der sie gekommen war. „Aber denkst du wirklich, dass du ihr helfen kannst?"

Esmeralda hob stolz den Kopf. „Klar kann ich das. Ich

habe eine Medizin, die gegen alles hilft. Geh schon mal vor, ich komme gleich nach."

Während die Elster zu ihrem Nest flog, hoppelte Laurentine Langohr zu Rosinchen. Das junge Reh lag immer noch mit geschlossenen Augen an derselben Stelle.

„Gleich kommt Hilfe." Sachte strich Laurentine ihrer Freundin über den Kopf. „Esmeralda hat gesagt, sie bringt dir eine Medizin, die gegen alles hilft."

Rosinchen antwortete nicht.

Schon kam die Elster angeflogen. „Schau mal, was ich für dich habe", schnarrte sie kurz vor ihrer Landung und ließ eine glänzende Taschenuhr fallen. „Nun mach schon die Augen auf und sieh, was ich dir gebracht habe! Es ist ein Geschenk! Das wertvollste Glitzerding, das ich in meinem Nest finden konnte!"

Rosinchen öffnete die Augen.

„Nun sag schon was!" Esmeralda schob ihr Geschenk mit dem Schnabel vor die Nase des Rehs. „So ein Geschenk ist doch die reinste Medizin und macht die müdesten Maulwürfe munter! Jede Elster würde vor Freude darüber einen Wolkenwalzer tanzen."

„Brauch ich nicht", murmelte Rosinchen.

„Du brauchst es nicht?", kreischte Esmeralda. „Da hört sich doch alles auf! Ich bringe dir das beste Geschenk; ich opfere mein schönstes, wertvollstes Stück, und du sagst, du brauchst es nicht? Das ist eine Beleidigung, das ist …"

„Es ist wirklich sehr schön." Laurentine Langohr berührte die Uhr sachte mit der Pfote. „Aber Rosinchen fehlt etwas anderes. Bitte sei ihr nicht böse."

„Dummes Reh!" Die Elster schüttelte den Kopf. „Dann nehme ich es wieder mit. In meinem Nest ist es eh am besten aufgehoben." Blitzschnell packte sie die Uhr mit dem Schnabel und flog davon.

„Ich dachte, sie könnte dir wirklich helfen", seufzte Laurentine. „Aber das war wohl nichts. Tut mir leid."

Das Reh schloss wieder die Augen.

Ratlos blieb das Kaninchen neben Rosinchen sitzen und überlegte, wie es ihr helfen könnte.

Da raschelte es hinter ihnen im Laub.

Erschrocken fuhr Laurentine herum. Kurz darauf atmete sie erleichtert auf. „Ach du bist es, Seppo Stachelspitz."

Der Igel hob seine Nase. „Das hat mir gerade noch gefehlt: ein Reh, das faul herumliegt, und ein Kaninchen, das mit den Ohren wackelt!"

„Mit Rosinchen stimmt etwas nicht", klagte Laurentine. „Sie liegt schon den ganzen Tag am selben Fleck."

„Das hat mir gerade noch gefehlt", grummelte der Igel. „Ist sie etwa verletzt?"

„Nein, verletzt ist sie nicht." Laurentine Langohr deutete auf ihre Löffel. „Ich habe sie schon abgehorcht. Ihr Herz schlägt etwas schneller, aber sonst ist alles in Ordnung."

Seppo Stachelspitz kam näher und stupste Rosinchen mit der Nase an. „Steh auf und geh etwas fressen, dann fühlst du dich besser."

„Keinen Hunger", murmelte das Reh.

„Keinen Hunger?" Der Igel schüttelte den Kopf. „Das ist Unsinn. Ich hole dir jetzt eine fette Schnecke und dann ..."

„Rehe fressen keine Schnecken", sagte Laurentine.

„Keine Schnecken?" Seppo schmatzte. „Das hat mir gerade noch gefehlt. Dann bringe ich ihr eben einen Regenwurm oder einen Frosch oder ..."

„Sie mag andere Dinge", unterbrach ihn das Kaninchen. „Früchte oder Blätter oder Kräuter. Aber ich bin nicht sicher, ob Rosinchen etwas fressen will. Wenn es mir nicht gut geht, habe ich manchmal auch keinen Hunger."

Mit strenger Stimme erklärte der Igel: „Sie muss etwas

fressen, und damit basta. Ich hole jetzt Futter und suche jemanden, der mir dabei hilft."

Schon trippelte er auf seinen kurzen Beinchen davon.

„Vielleicht hat er recht", überlegte Laurentine laut. „Vielleicht sollte ich auch ein paar Leckerbissen für dich suchen. Vielleicht …"

„Ich will nichts fressen", sagte Rosinchen leise.

Das Kaninchen seufzte. „Dann sag mir doch endlich, wie ich dir helfen kann!"

„Lass mich einfach in Ruhe", antwortete das Reh.

„Aber ich bin doch deine Freundin, ich …"

„Geh weg!"

Während Laurentine überlegte, ob sie das Reh allein lassen sollte, fing über ihnen jemand an zu singen. Und dann noch jemand und noch jemand.

Laurentine hob den Kopf und schaute nach oben. In den Zweigen der Eiche entdeckte sie verschiedene Vögel: Sie trällerten, sangen und jubelten wie ein großer Chor, der an einem Sängerwettbewerb teilnimmt.

Als sie mit ihrem ersten Lied fertig waren, zwitscherte eine kleine Meise: „Wir sind gekommen, um Rosinchen mit unserem Lied aufzumuntern. Singen macht froh!"

Eine Amsel fügte hinzu: „Noch besser ist es aber, wenn man selber singt. Komm schon, kleines Reh! Steh auf und sing mit uns!"

„Lasst mich in Ruhe", brummelte Rosinchen.

„Aber wir meinen es doch nur gut", piepste ein Spatz. „Wir wollen dir helfen!"

„Ich will meine Ruhe haben. Verschwindet!"

„Dann hat Esmeralda also recht", krächzte eine Krähe. „Das Reh ist mürrisch und lässt sich nicht helfen. Kommt, Freunde, lasst uns woanders singen!" Damit rauschte die Vogelschar davon.

Kurz nachdem die Vögel verschwunden waren, kam der Igel wieder. Er trug auf seinem Stachelkleid einen schönen großen Apfel, doch Rosinchen schüttelte den Kopf.

Nun erschien ein Tier nach dem anderen und jedes gab dem Reh einen Ratschlag. Das Wiesel empfahl Rosinchen, aufzustehen und Sport zu treiben. „Bewegung verscheucht die trüben Gedanken und stärkt die müden Glieder", rief es und wieselte vor Rosinchen auf und ab.

Das Wildschwein schwärmte von der heilenden Kraft eines Schlammbades, und das Eichhörnchen schlug vor, zur Aufmunterung einen Spaßmacher zu holen. Die Wildgans schnatterte laut auf das Reh ein und der Mauwurf verordnete eine Arbeitstherapie in Form von Buddeln.

Endlich richtete Rosinchen sich auf, stampfte mit den Hufen und schrie: „Nein! Nein! Nein! Ich will nichts mehr hören und sehen! Verschwindet!"

Während sich die Tiere schimpfend zurückzogen, hüpfte Laurentine Langohr unschlüssig um das Reh herum. Was sollte sie tun? Sollte sie auch weggehen?

Da legte sich Rosinchen wieder hin und schloss die Augen. Das Kaninchen hoppelte ganz nah an sie heran und fragte: „Soll ich bei dir bleiben?"

Das Reh nickte schwach.

Also setzte sich Laurentine neben ihre Freundin und verhielt sich ganz still. Sie saß einfach nur da. Ab und zu streichelte sie sanft den Kopf des Rehs. Lange, lange saß sie so da.

Schließlich öffnete Rosinchen die Augen. „Meine ... Mama ...", stammelte sie. „Ein Wolf hat sie gebissen und nun ist sie weg!"

„O nein!" Laurentine schlug sich erschrocken die Pfötchen vor das Mäulchen. „Ist sie ... ist sie ... gestorben?"

Rosinchen nickte. Jetzt kullerten dicke Tränen aus ihren Augen.

„Das ist ja schlimm", flüsterte das Kaninchen und musste nun ebenfalls weinen.

Lange, lange saß Laurentine Langohr neben Rosinchen und weinte mit ihr. Manchmal erzählte das Reh ein bisschen von seiner Mama und Laurentine hörte einfach nur zu.

Nach einiger Zeit streichelte sie Rosinchen wieder mit ihrer Pfote und seufzte: „Ach, wenn ich dir nur helfen könnte! Ich würde gern irgendetwas tun. Ich würde dir so gern helfen!"

„Du bist da", flüsterte das Reh. „Und das ist genug."

Womit wollen die Tiere dem Reh helfen?

Warum schickt das Reh alle weg?

Was hilft Rosinchen wirklich?

Warst du schon einmal ganz traurig?
Was hat dir geholfen?

Ninchen und das Nein

Ninchen, das Zwergkaninchen, saß zitternd in einem Busch. Von dort aus beobachtete es fünf junge Feldhasen, die auf der Wiese miteinander tobten. *Die sehen alle gleich aus,* dachte Ninchen. *Und sie sind viel größer als ich.*

Auf einmal rief einer der Hasen: „Versteckt euch, ich werde euch suchen", und rannte direkt auf Ninchens Busch zu.

„Na gut", stimmten die anderen Hasen zu und sprangen in verschiedene Richtungen davon.

Ninchen drückte sich ganz dicht an den Boden, aber der Feldhase hatte sie schon entdeckt. Er rief den anderen zu: „Hey, kommt mal alle her! Hier hockt ein Zwerg!"

Sofort kamen alle Feldhasen wieder aus ihrem Versteck. Sie beäugten das Zwergkaninchen und redeten alle durcheinander.

„Tatsächlich – ein Zwerg!"

„Der ist ja so klein, dass man fast eine Brille braucht, um ihn zu erkennen."

„Und er hat ganz andere Farben als wir. Schwarz und weiß, so etwas sieht man selten."

„Eine Stimme scheint er auch nicht zu haben. Er sagt weder *schnuff* noch *schnaff*, weder *mieps* noch *pieps*."

„Wenn er nicht so zittern würde, könnte man ihn für ein Stofftier halten."

„Er riecht aber wie ein echtes Häschen."

„Vermutlich ist es ein Kaninchen."

Als die Hasen immer näher herankamen, versuchte Ninchen, sich noch kleiner zu machen.

„Haha", lachte der eine Hase. „Dieses Zwerglein ist ja voll ängstlich!"

„Wollen wir es mal jagen?", fragte ein anderer.

„Wir scheuchen es auf", schlug der Nächste vor.

„Wir puffen und knuffen es, bis es springt."

„*Nein!*", rief der Hase, der Ninchen entdeckt hatte. „Lasst es in Ruhe!"

„Aber wir wollen doch nur testen, ob dieser Zwerg springen kann!"

„*Nein!*", protestierte der Hase wieder.

„Na gut", murrten die anderen.

Nun machte der Hase, der Ninchen als Erster gesehen hatte, noch zwei Hopser auf das Kaninchen zu. „Hallo du. Ich heiße Hugo." Dann deutete er mit dem Kopf auf einen Hasen nach dem anderen und nannte ihre Namen: „Hüpfer, Springli, Hoppelchen und Langlöffel. Du brauchst keine Angst vor uns zu haben. Wir sind zwar größer als du, aber wir sind nicht böse."

„Nein, böse sind wir nicht", riefen die anderen im Chor. „Wir wollten nur ein bisschen Spaß machen."

„Wie heißt du?", fragte Hugo.

Da flüsterte das Zwergkaninchen schüchtern: „Ninchen."

Hugo wandte sich den anderen zu. „Falls ihr es nicht gehört haben solltet – sie heißt Ninchen."

„Hallo Ninchen", sagten die jungen Hasen im Chor. Gleich darauf redeten wieder alle durcheinander.

„Es ist ein Mädchen!"

„Willst du mit uns um die Wette springen?"

„Wollen wir Fangen spielen?"

„Wo wohnst du?"

„Hast du dein Fell gefärbt?"

Ninchen zitterte immer noch, zuckte mit der Nase und antwortete nicht.

„Geht schon mal vor", sagte Hugo. „Vielleicht mag Ninchen nicht so viele Leute."

„Na gut", antworteten die anderen Hasen und hoppelten wieder auf die große Wiese.

„Du hast Angst", stellte Hugo fest. „Das kenne ich. Ich habe auch manchmal Angst. Trotzdem musst du etwas Wichtiges lernen."

Ninchen hob den Kopf und schaute ihn fragend an.

„Du musst lernen, *Nein* zu sagen. Denn wenn ich nicht für dich *Nein* gesagt hätte, hätten die anderen dich geärgert."

„Danke", flüsterte Ninchen.

„Du musst dich nicht bedanken. Aber du kannst es gleich mal üben: *Nein.*"

„Ich trau mich nicht", sagte Ninchen leise. „Ich bin anders als ihr. Ich bin kleiner. Ich trau mich nicht, dieses Wort zu sagen."

„Aber das *Nein* ist wichtig", erklärte Hugo. „Es ist wie eine Grenze, verstehst du? Mit dem *Nein* ziehst du eine Grenze, wenn andere etwas tun, was du nicht willst. Das habe ich von meinem Papa gelernt."

„Aber ich bin doch viel zu klein dazu", wiederholte Ninchen. „Die anderen werden es nicht ernst nehmen, wenn ich so etwas sage."

Hugo richtete sich auf und hob belehrend die Pfote. „Niemand ist zu klein dazu. Und ein klares *Nein* ist stark. Ich habe es schon viele Male ausprobiert. Vorhin, als meine Geschwister dich ärgern wollten, hast du ja selbst gemerkt, dass es funktioniert."

Ninchen schüttelte traurig den Kopf. „Sie haben auf dich gehört, weil du ihr Bruder bist. Doch auf mich wären sie bestimmt böse geworden, wenn ich es gesagt hätte."

Da hüpfte Hugo ganz nah an Ninchen heran und stupste sie in die Seite.

Erschrocken zuckte sie zusammen, sagte aber nichts.

Hugo stieß sie etwas stärker an und fragte: „Gefällt dir das?"

Ninchen schüttelte den Kopf.

Hugo hielt sich die Augen zu. „Gefällt es dir, wenn ich dich stoße? Ich kann dich nicht sehen, also antworte mir!" Seine Stimme klang streng.

„*Nein*", flüsterte Ninchen.

„Du hast es gesagt!" Hugo hopste in die Höhe. „Du hast es gesagt! Du hast *Nein* gesagt. Ich habe es gehört und werde dich nicht mehr stoßen."

In diesem Augenblick kam Langlöffel angesprungen und fragte: „Willst du jetzt mit uns spielen, Ninchen?"

Ninchen nickte und hoppelte mit Langlöffel und Hugo zu den anderen Hasenkindern. Sie sprangen um die Wette, jagten sich und hatten Spaß miteinander. Am Anfang war Ninchen noch etwas schüchtern, aber dann wurde sie mutiger. Denn alle waren nett zu ihr, und niemand verlangte etwas von ihr, was ihr nicht gefiel.

Als sie genug getobt hatten, fraßen sie Kräuter und Löwenzahn auf der großen Wiese. Danach legten sie sich ins Gras, um auszuruhen.

„Wo wohnst du eigentlich?", wollte einer der Hasen wissen.

„Nirgends – ich bin neu hier", antwortete Ninchen.

„Und wo hast du vorher gewohnt?"

„In einem engen Käfig. Bei einem Menschen." Ninchens Stimme war so leise, dass sich die anderen aufrichteten und ihre Löffel spitzten.

„Bei einem Menschen hat sie gewohnt", wiederholte Springli.

Und Hüpfer fügte hinzu: „In einem engen Käfig war sie eingesperrt."

„Erzählst du uns mehr von diesem Menschen?", fragte Langlöffel.

Ninchen nickte. „Zuerst war alles gut. Da war ein Junge, der hieß Robert. Er hat mir meinen Namen gegeben. Robert hat mich mit Futter versorgt und meinen Stall sauber gemacht. Der Stall war groß und Robert hat mich oft herausgelassen, ich konnte springen und toben. Er hat mich gestreichelt und mit mir gesprochen. Er hatte mich lieb. Aber dann kam ein Mann und hat mich mitgenommen."

„O nein, er hat sie mitgenommen." Springli schlug sich entsetzt die Pfötchen vors Mäulchen.

Hoppelchen kam ein Stück näher. „Warum hat Robert das zugelassen?"

„Das weiß ich nicht", flüsterte Ninchen.

Langlöffel zuckte mit den Ohren. „Vielleicht hatte er keine Zeit mehr?"

Hugo kratzte sich am Kopf. „Vielleicht hat Robert nicht *Nein* gesagt?"

„Vielleicht hat der Mann dich entführt?", stöhnte Springli und hielt sich die Pfötchen vors Gesicht, als wollte sie sich verstecken.

„Und dann hat dich der Mann in diesen engen Käfig gesperrt", schlussfolgerte Hoppelchen.

Ninchen nickte erneut.

Hüpfer schaute Ninchen mit großen Augen an. „Wie bist du ausgerissen?"

„Einmal hat er vergessen, die Tür zu schließen." Ninchen sprach jetzt so leise, dass alle Hasen ein Stück näher rücken mussten, um sie zu verstehen. „Da bin ich rausgesprungen und weggelaufen."

„Also hast du *Nein* gesagt", stellte Hugo fest.

Ninchen schaute ihn verständnislos an und schüttelte den Kopf.

„Doch! Du hast *Nein* gesagt!" Hugo nickte mehrmals. „Du hast das *Nein* zwar nicht ausgesprochen, aber du hast es in die Tat umgesetzt. Du hast einen Ausweg gesucht."

„Und gefunden", ergänzte Springli.

Hugo berührte Ninchen sachte mit der Pfote. „Du warst mutig und hast dich gewehrt. Du hast das Nein *getan*."

Hoppelchen setzte sich gerade hin. „Gut, dass du es uns erzählt hast."

Aufgeregt wackelte Langlöffel wieder mit den Ohren. „Wir wollen deine Freunde sein."

„Du kannst bei uns wohnen", bot Springli an.

„O ja!", rief Hoppelchen. „Dann können wir jeden Tag zusammen hoppeln!"

„Wenn du es möchtest", fügte Hugo hinzu. „Du kannst auch *Nein* sagen."

Ninchen hob den Kopf und schaute einen nach dem anderen an.

„Du kannst *Nein* sagen", wiederholte Hugo. „Wir werden dir deshalb nicht böse sein."

„Nein, das werden wir nicht", bestätigte Springli.

Langlöffel richtete sich auf und schlug sich an die Brust. „Aber wir würden uns freuen, wenn du Ja sagst."

Nun blickten alle jungen Hasen das Zwergkaninchen erwartungsvoll an.

Ninchen schaute unschlüssig von einem zum anderen.

Lange war es still.

Endlich sagte Ninchen leise: „Ich überlege es mir."

Hugo klatschte in die Pfötchen: „Na bitte, du kannst es. Du kannst *Nein* sagen!"

Wieder blickte Ninchen ihn fragend an.

„Du hast nicht Ja gesagt." Der Hase hob seine Pfote, als wäre er ein Lehrer, der etwas erklärt. „Du hast gesagt, du überlegst es dir. Das ist gut. Das ist wie ein kleines *Nein*. Wenn man sich nicht sicher ist, ist ein kleines *Nein* gut. Dann hat man Zeit, um sich zu entscheiden. Das habe ich von meinem Papa gelernt."

„Und ihr seid mir nicht böse?", fragte Ninchen.

Langlöffel fuhr sich übers Ohr. „Warum sollten wir dir böse sein? Wir haben dich gefragt und du hast geantwortet."

„Ein kleines *Nein* ist besser als ein falsches *Ja*", ergänzte Springli.

„Ich brauche noch Zeit", sagte Ninchen. „Aber ich möchte gern eure Freundin sein."

„Ja! Ja! Ja!", riefen die jungen Hasen.

Und Hugo fügte hinzu: „Bald wirst du gelernt haben, ein großes *Nein* zu sagen. Wir helfen dir dabei."

„Danke", seufzte Ninchen und fühlte sich dabei so wohl wie schon lange nicht mehr.

*Warum fiel es Ninchen am Anfang
so schwer, Nein zu sagen?*

Überlege, wann du Nein sagen solltest.

*Vielleicht malst oder schreibst du zusammen
mit einem Erwachsenen eine Nein-Liste?*

Die große Reise

Zwitschi, der kleine Schwalbenjunge, saß mit seiner Schwester Zwatschi in einer Felsenhöhle.

Da ertönte vom Eingang der Höhle her die Stimme des Vaters. „Kommt endlich, Kinder! Kommt heraus! Wir wollen Gott loben! Und dann wollen wir fliegen!"

Zwitschi stöhnte: „Immer müssen wir so früh raus! Nie können wir ausschlafen."

„Ja, als wir noch kleiner waren, war es viel besser", sagte Zwatschi. „Da haben uns die Eltern versorgt. Und wir brauchten gar nichts weiter zu machen, als zu schlafen und zu fressen."

„Na ja, immer nur schlafen und fressen ist auch langweilig", meinte Zwitschi. „Aber nie darf ich nach Herzenslust mit meinen Freunden herumtoben!"

„Da hast du recht", zwitscherte Zwatschi. „Ständig sagen uns unsere Eltern, was wir zu tun haben. Die Spatzenjungen haben es viel besser als wir. Die toben den ganzen Tag herum."

„Was ist los mit euch?" Der Vater landete auf einem hervorstehenden Stein in der Höhle. „Wie oft muss ich euch noch rufen?"

„Ach Papa", bettelte Zwatschi. „Warum dürfen wir nicht noch ein Weilchen hier sitzen und uns ausruhen?"

„Nichts da!" Der Vater wedelte mit dem Flügel, als wollte er die Idee seiner Tochter wegwischen. „Ihr müsst trainieren. Wenn der Sommer zu Ende geht, haben wir eine lange Reise vor uns. Und nun raus aus dem Nest! Ich will keine Ausreden hören!"

„Ach Papa", fing nun auch Zwitschi an. „Können wir heu-

te nicht mal ausnahmsweise machen, was wir wollen? Wenn
wir spielen und uns gegenseitig jagen, ist das doch auch wie
eine Trainingsstunde."

„Auf keinen Fall!" Die Stimme des Vaters klang streng.
„Heute starten wir zu unserem Ausdauerflug, bei dem eure
Fähigkeiten geprüft werden. Mama und ich wollen einschät-
zen, wie sportlich ihr seid."

Widerwillig verließen Zwitschi und Zwatschi die Höhle.
Die Sonne schien, es wehte ein sanftes Lüftchen. Auf einer
Birke warteten ihre Mama und die Geschwister. Gemeinsam
sangen sie ein Loblied für Gott. Dann durften sich alle etwas
zu fressen suchen.

Anschließend befahl der Vater: „Kommt alle hierher! Unser Training beginnt! Ihr folgt mir. Mama wird darauf achten, dass niemand zurückbleibt."

Zuerst durchquerten sie einen kleinen Wald. Zwitschi hätte gern Station gemacht und ein paar Käfer gefressen. Aber
der Vater flog weiter. Hinter dem Wald überquerten sie eine
große Wiese, dann einen See und ein Weizenfeld. Endlich
landete der Vater in der Nähe eines Weihers auf einer Fichte.

Nachdem sich alle ein Plätzchen auf dem Baum gesucht
hatten, flötete die Mutter: „Eure Leistung war schon ziemlich
gut. Keiner hat den Flug unterbrochen. Niemand ist zurückgeblieben."

„Nun ja, sie waren nicht schlecht", sagte der Vater. „Aber
das genügt noch nicht. Morgen müssen wir die energiespa-
rende Flugtechnik üben. Außerdem müssen wir euren Orientierungssinn schulen."

Die Mutter zupfte sich ein paar Federn zurecht. „Papa hat
recht. Bei einer weiten Reise ist es nicht leicht, das Ziel zu
finden. Wenn die Zeit für den Aufbruch in den Süden gekommen ist, müsst ihr bereit sein."

Der Vater nickte. „Der Orientierungssinn ist aber nicht

nur für den Flug in den Süden wichtig. Eines Tages werdet ihr ohne uns hierher zurückkehren. Ihr müsst euch jede Kleinigkeit eurer Heimat genau einprägen, bevor wir aufbrechen."

Er schüttelte sein Gefieder und richtete sich auf. „Ja, wir haben noch viel zu tun. Aber jetzt gehen wir erst einmal gemeinsam auf Futtersuche!"

„Ach Papa", bettelte Zwatschi, „können wir nicht ein einziges Mal fliegen, wohin wir wollen? Von hier aus finden wir garantiert zurück nach Hause. Wir können doch dabei fressen, was uns gerade vor den Schnabel kommt."

„Nein!" Der Vater schüttelte heftig den Kopf. „Die richtige Ernährung ist das A und O. Wer darauf nicht achtet, wird kraftlos und hält nicht durch."

Die Mutter deutete mit dem Flügel zum Weiher. „Seht, wie viele leckere Insekten dort über der Wasserfläche herumschwirren! Wollen wir nicht ein Spiel daraus machen, wer am meisten fängt und frisst?"

Tag für Tag trainierten die Schwalbeneltern mit ihren Jungen. Die Zeit verging. Es wurde kälter.

Schließlich verließen einige Vögel ihre Heimat, um in den Süden zu fliegen.

Zwitschi spürte in seinem Inneren eine unbekannte Unruhe. Sehnsüchtig schaute er den davonziehenden Vögeln nach und seufzte: „Die haben es gut! Ich wünschte, ich könnte auch endlich losfliegen!"

Mama streifte ihn sanft mit dem Flügel. „Bald, mein Sohn, bald geht es los!"

Papa nickte. „Bald werden wir zu unserer großen Reise aufbrechen. Doch vorher müsst ihr noch lernen, wie wichtig beim großen Flug eine gute Koordination des Schwarmes ist. Jeder Vogel muss aufmerksam auf die kleinsten Bewegungen der anderen Tiere achten."

Eifrig übten Papa und Mama mit den jungen Vögeln. Zwischendurch sorgten sie dafür, dass sie sich auch lange genug ausruhten.

Zwitschi konnte kaum noch still sitzen. Ungeduldig wartete er auf den großen Aufbruch.

Dann war es endlich so weit! Die Familie traf sich mit allen anderen Schwalben der Umgebung.

„Ich hätte nie gedacht, dass wir so viele Verwandte haben!", staunte Zwatschi.

Zwitschi nickte. „Und es kommen immer noch mehr dazu."

Zuletzt verabschiedeten sich die Eltern von ihren Kindern. Papa sagte: „Ihr fliegt mit einer anderen Gruppe als wir Alten. Denkt an alles, was wir euch beigebracht haben!"

Mama berührte Zwitschi und Zwatschi noch einmal sanft mit dem Flügel. „Wenn wir streng zu euch waren, so taten wir es aus Liebe. Wir wollten euch zu starken Vögeln heranziehen, die gut für das Leben gerüstet sind. Vergesst nicht, Gott, unseren Schöpfer, zu loben. Er ist immer da, wie die Sonne. Er wird für euch sorgen."

„Das verstehe ich nicht", meinte Zwitschi. „Warum mussten wir so hart trainieren, wenn Gott doch da ist und für uns sorgt?"

„Dafür gibt es eine einfache Erklärung", antwortete der Vater. „Gott hat uns geschaffen; er hat uns alles geschenkt, was wir zum Leben brauchen. Wir können fliegen und uns unser Futter suchen, wir können uns orientieren und untereinander verständigen. Diese Gaben sollen wir nutzen. Aber gleichzeitig sollen wir Gott vertrauen."

Mama ergänzte: „Unsere Gaben nutzen heißt, dass wir nicht aufhören, zu lernen und zu trainieren. Wir tun also, was in unseren Kräften steht. Doch alles Übrige überlassen wir Gott, denn wir vertrauen ihm. Vergesst nie, dass ihr nie allein seid. Denkt immer an den Schöpfer, zu dessen Ehre wir so oft gemeinsam gesungen haben. Gott ist der Herr aller Geschöpfe. Alle unsere Federn sind gezählt; ihm entgeht keine Schwalbe, die in Nöten ist."

„Das will ich mir merken", zwitscherte Zwatschi. „Ich werde tun, was ich kann. Und ich werde Gott vertrauen."

„Zu diesem Vertrauen gehört auch, dass ich euch jetzt loslasse. Das ist für Mamas und Papas nicht einfach."

Papa fügte hinzu: „Es kann sein, dass wir uns in Afrika wiedersehen. Oder im nächsten Frühjahr hier zu Hause. Wenn das nicht der Fall sein sollte, so werdet ihr jetzt auch ohne uns zurechtkommen. Ich bin sicher, ihr seid den Stürmen des Lebens, den Wüstenstrecken, den Nebeln und den Ozeanüberquerungen gewachsen. Schwierigkeiten werden euch nicht erspart bleiben, aber ihr werdet die Kraft haben, sie zu bewältigen."

Dann ging es endlich los: Die große Reise begann. Nach und nach brachen die Schwalben in verschiedenen Gruppen auf. Zwitschi und Zwatschi flogen mit anderen Jungvögeln, getrennt von ihren Eltern.

Die Reise war lang und beschwerlich. Manchmal brannte die Sonne vom Himmel, dann wieder war sie gar nicht zu sehen. Manchmal wurden sie durch Regen, Sturm oder Nebel vom Kurs abgetrieben und mussten große Umwege machen. Manchmal war Zwitschi so erschöpft, dass er sich am liebsten fallen gelassen hätte. Doch er hatte gelernt durchzuhalten.

Von Zeit zu Zeit machten sie eine lang ersehnte Rast, sie konnten ausruhen und fressen. Anschließend flogen sie mit neuen Kräften weiter.

Manche Vögel waren den Unwettern, den Überquerungen der Meere oder den Wüsten nicht gewachsen. Andere wurden von einem Greifvogel gefangen, manche verletzten sich oder blieben entkräftet irgendwo zurück.

Aber Zwitschi und Zwatschi erreichten das Ziel.

„Danke, Gott!", jubelte Zwatschi. „Du bist immer bei uns gewesen. Das macht uns Mut, dir auch in Zukunft zu vertrauen!"

*Warum trainieren die Vogeleltern
so hart mit ihren Kindern?*

*Musst du auch manchmal etwas
machen, wozu du keine Lust hast?*

Was will Zwatschi sich merken?

Der Hase Hubert und die Raupe

Hubert, der Hase, saß mit seiner Familie auf einer großen Wiese. „Fresst euch satt, meine Lieben", ermunterte er seine Frau und die Kinder. „Ich bin der wachsamste Hase weit und breit. In meiner Nähe seid ihr natürlich sicher."

„Ja, Hubert", sagte die Häsin und wandte sich dem nächsten Löwenzahnblatt zu.

„Ja, Papa", sagten die Hasenkinder im Chor und knabberten weiter an ihrem Klee.

Hubert spitzte die Ohren, schnupperte in die Luft und achtete auf die Vibrationen des Bodens.

Zunächst war alles still, doch dann nahm er am dritten Stängel des Spitzwegerichs eine Bewegung wahr. Hubert spannte schon seine Springmuskeln an und öffnete den Mund, um seine Familie zu warnen, da hörte er eine Stimme: „O bitte, Herr Hase, bitte fressen Sie mich nicht!"

Leider war Hubert kurzsichtig, deshalb musste er überlegen: Wenn der Besitzer der Stimme ihn um Verschonung bat, musste dieser sehr klein sein. Und wenn er Angst vor einem Hasen hatte, brauchte demzufolge ein Hase keine Angst vor *ihm* zu haben.

Allerdings konnte es auch sein, dass sich einer seiner Feinde verstellte. Ja, man musste auf alles gefasst sein.

Hubert beschloss, der Sache vorsichtig auf den Grund zu gehen. Er räusperte sich und fragte: „Mit wem habe ich das Vergnügen?"

„Ich bin Rodesia, die Raupe. Ich verspreche Ihnen, dass ich so schnell wie möglich verschwinde, aber wir Raupen sind nun mal nicht die Schnellsten."

Der Spitzwegerich hatte aufgehört zu zittern. Hubert schnüffelte und beugte sich leicht nach vorn.

Da entdeckte er sie. Das Kleid der Raupe hatte die Farbe des Grasbüschels, über das sie jetzt kroch. Ein paar andere Farben waren auch dabei, doch Hubert konnte sie nicht genau erkennen.

Der Hasenvater entspannte sich. „Hören Sie auf, sich abzuhetzen, Frau Rodesia. Raupen stehen natürlich nicht auf meinem Speiseplan. Andernfalls hätte ich Sie schon längst verzehrt, denn auch die schnellste und größte Raupe könnte mir natürlich nicht entkommen." Stolz schlug er sich an die Brust. „So schnell, wie ich laufe, können Sie nicht mal *mipps* sagen."

„Was ist *mipps*?", fragte die Raupe.

„Sie wissen nicht, was *mipps* ist?" Hubert strich sich mit der linken Vorderpfote über das linke Ohr. „*Mipps* ist natürlich das Gegenteil von *hopps*."

„Aha", sagte die Raupe, obwohl sie immer noch keine Ahnung hatte, was *mipps* ist.

Das jüngste Hasenkind, das in der Nähe des Vaters seinen Klee mümmelte, hob den Kopf. „Was hast du gesagt, Papa? Sollen wir weghopsen?"

„Natürlich nicht, mein Häschen", antwortete Hubert. „Ich unterhalte mich nur ein wenig mit Frau Rodesia Raupe."

Das Hasenkind kam näher. „Was ist eine Rollesia?"

„Ich sagte: Rodesia. Das ist der Name dieser Dame." Hubert deutete auf die Raupe.

„Du sprichst mit einem Wurm?", wunderte sich der kleine Hase.

„Ich bin kein Wurm", protestierte Rodesia. „Ich bin eine Raupe."

„Und was macht eine Raupe?", wollte der kleine Hase wissen.

„Meine Aufgabe ist es, zu fressen und zu wachsen, zu fressen und zu wachsen, zu fressen und zu wachsen. Wenn ich genug gefressen habe und groß genug bin, dann verpuppe ich mich. Und während ich in der Puppe schlafe – oder auch sterbe –, geschieht die Verwandlung."

Der kleine Hase schüttelte den Kopf. „Puppe? Sterben? Verwandlung? Ich verstehe gar nichts."

„Das ist schwer zu erklären", seufzte Rodesia. „Ich weiß auch nicht richtig, was dann geschieht. Aber ich habe es von einer anderen Raupe gehört und diese wiederum von einer anderen Raupe. Außerdem spüre ich so eine merkwürdige Sehnsucht in mir. Man sagt, dass jede Raupe nach dem Tod ein neues Leben bekommt. Sie lebt dann weiter, hat aber einen anderen Körper und kann fliegen."

„Was fällt Ihnen ein?", empörte sich Hubert. „Wie können Sie es wagen, meinem Sohn solch einen Unsinn zu erzählen?"

Besänftigend strich er dem kleinen Hasen über den Kopf. „Das musst du natürlich nicht glauben. Das wäre ja noch

schöner: eine Raupe, die Flügel hat. Geh lieber wieder zu deinem Klee und friss dich satt."

Der Kleine zuckte mit den Schultern und hoppelte davon. Hubert sprach weiter zur Raupe: „Ich muss jetzt natürlich auch wieder etwas fressen. Von mir aus können Sie auf unserer Wiese bleiben. Aber verschonen Sie unsere Kinder mit Ihren Lügen."

„Das sind keine Lügen", widersprach Rodesia. „Ich habe in mir diese unerklärliche Sehnsucht, und ich weiß, dass Fressen und Wachsen nicht alles ist im Leben. Es gibt …"

„Unsinn", schniefte Hubert.

„Sie werden es vielleicht sehen", sagte Rodesia leise. „Wenn ich auf Ihrer Wiese bleiben darf, werden Sie es eines Tages vielleicht selber sehen."

In den nächsten Tagen dachte Hubert nicht mehr an die Raupe. Als er sie wiedertraf, erkannte er sie fast nicht. Sie war viel größer und dicker geworden.

„Bald ist es so weit", sagte Rodesia. „Ich bin so müde. Bald werde ich mich verpuppen."

„Sie meinen, Sie müssen bald sterben?" Unbehaglich zuckte der Hase mit der Nase. „Ach, vielleicht bilden Sie sich das nur ein. Natürlich bilden Sie sich das ein. Fressen Sie nur fleißig von der Brennnessel. Brennnesseln sind sehr gesund."

Die Raupe hatte nicht mehr viel Kraft, selbst das Sprechen fiel ihr schwer. Deshalb nickte sie Hubert nur kurz zu, kroch zu einem Haselnussstrauch und kletterte auf einen der untersten Äste. Niemand musste ihr zeigen, wie man sich verpuppt, es ging ganz leicht. Es machte ihr auch keine Angst.

Wenig später hing eine braune, längliche Hülle an jenem Zweig. Als Hubert mit seiner Familie dort vorbeihoppelte, sagte er zu seinem kleinsten Sohn: „Schau, das ist das Grab der Raupe. Raupen sind sehr merkwürdige Geschöpfe. Wenn ich einmal sterbe, möchte ich natürlich nicht an einem Ast hängen."

Eines Tages regte sich etwas in der Puppe. Die Hülle platzte auf. Zuerst schaute ein Kopf mit Fühlern heraus. Dann kroch nach und nach ein neues Wesen aus der dunklen Behausung. Sein kleiner Köper pumpte Blut in alle Gliedmaßen. Und langsam, ganz langsam wurden aus den zerknautschten Teilen Flügel.

Die Pappeln klatschten mit ihren Blättern Beifall. Die Weiden verneigten sich und die Birken flüsterten: „Auferstanden!"

Die Blumen reckten sich dem jungen Schmetterling entgegen und flüsterten: „Komm und trinke unseren Nektar!"

Unter dem Baum zuckten die Hasen mit ihren Nasen.

Hubert deutete auf die leere Puppe und sagte: „Jetzt ist sie natürlich ganz tot."

Was geschieht mit der Raupe?

Warum denkt der Hase, sie sei tot?

Die Freiheit der Lerche

Seit mehreren Tagen war Wanda, die Waldmaus, unzufrieden mit sich und der Welt. Niedergeschlagen saß sie am Rand eines großen Feldes.

Plötzlich raschelte es neben ihr. „Schön, dich zu sehen", piepste die freundliche Stimme der Feldmaus Friedel.

„Tag", antwortete Wanda.

„Was für ein schöner Morgen!", schwärmte die Feldmaus.

„Hm", brummte Wanda.

Friedel setzte sich neben sie und schaute sie mitfühlend an. „Geht es dir nicht gut?"

„Ich hasse dieses Mauseleben!", klagte Wanda. „Überall droht Gefahr. Ich möchte endlich einmal frei sein! Ja, ich will endlich einmal tun, wozu ich Lust habe! Mein Leben ist kurz, ich will es genießen! Aber ich bin ja nur eine Maus. Und für Mäuse kommt so etwas nicht infrage."

„Ach ja", seufzte Friedel. „Damit hast du allerdings recht. Die größeren Tiere haben es viel besser als wir."

In der Nähe der Mäuse knabberte der Rehbock Ranko an einem Strauch herum. Schnell zupfte er ein Blatt ab, kaute es und schluckte. „Ach du grünes Blatt! Was redet ihr Mäuse da für einen Unsinn! Bildet ihr euch etwa ein, mir geht es besser als euch? Ständig muss ich auf der Hut sein, zum Beispiel vor dem Wolf. Nie kann ich in Ruhe fressen!"

„Das ist wahr." Friedel kratzte sich an der Nase. „Wenn ich es recht bedenke – ein Reh möchte ich auch nicht sein."

Wanda deutete mit dem Pfötchen auf Ranko. „Ihr Rehe seid natürlich auch nicht frei, aber der Wolf – ja, der Wolf hat es gut! Der ist stark und schlau. Er ist ein Räuber, vor dem jeder Angst hat!"

Während sich die Mäuse weiter mit dem Rehbock über den Wolf unterhielten, ertönte über ihnen lautes Gelächter.

Wanda zuckte zusammen und schaute nach oben. Auf den Ästen der großen Eiche saß ein Schwarm Krähen.

„Ach du grünes Blatt, diese spektakelnden Schwarzröcke haben mir gerade noch gefehlt!", schimpfte Ranko. „Ich suche mir einen stillen Fleck." Und schon sprang er mit großen Sätzen davon.

„Diese Mäuse sind einfältige Geschöpfe!", krakeelte eine Krähe.

Eine andere schrie: „Sie denken, ein Wolf sei frei. Haha! Die haben wohl noch nicht bemerkt, dass es Menschen gibt. Diese Menschen haben lange Rohre, mit denen sie jedes Tier töten können."

„Im Grunde sollte sich eine Maus am besten überhaupt nicht sehen lassen", krächzte die nächste Krähe. „Mäuschen, Mäuschen, bleib in deinem Häuschen, sonst klau ich dir dein Näschen, dann springst du wie ein Häschen." Die Krähen lachten und spotteten.

Die beiden Mäuse schauten sich betroffen an und schwiegen.

Nach einer Weile fasste sich Wanda ein Herz. „Hey, ihr schwarzen Besserwisser! Wenn ihr so viel klüger seid als wir, dann sagt uns doch, welches Tier wirklich frei ist!"

„Der Mensch natürlich, ist doch klar!", schrie eine der Krähen.

„Das ist nicht wahr", behauptete eine andere. „Der Mensch ist nur durch dieses komische Rohrding stark, das so fürchterlich knallt."

„Ein Bär ist viel stärker", plärrte die nächste.

„Aber wenn der Mensch mit seiner Waffe kommt, dann kann auch ein Bär nichts tun."

Die Krähen schwatzten und zankten, sie kreischten und schlugen mit den Flügeln.

Friedel schüttelte den Kopf. „Wenn die so weitermachen, fressen sie sich bald gegenseitig auf. Von denen wirst du wohl keine gescheite Antwort bekommen, Wanda."

Da verschaffte sich eine alte, zerzauste Krähe Gehör. „Ruhe, alle miteinander! Wir können hier streiten, bis wir noch schwärzer werden. Ich bin alt und will euch sagen, was ich weiß."

Endlich verstummte das Gekrächze.

Die alte Krähe hob belehrend den Flügel. „Wirklich frei ist niemand. Jede Kreatur ist manchmal stark und manchmal schwach. So ist nun mal das Leben: Ängste und Sorgen und am Ende der Tod."

„Das ist ja furchtbar!" Wanda schüttelte sich. „Wozu ist dann dieses Leben überhaupt gut? Wenn man immer nur Angst und Sorgen haben muss und am Ende stirbt?"

Auf einmal hörte die kleine Waldmaus eine Musik, die sie umfing wie eine schützende warme Decke. Gleichzeitig war es, als hätte jemand ein Licht in der Finsternis angezündet.

Als Wanda erstaunt den Kopf hob und nach oben schaute, entdeckte sie einen kleinen Vogel, der jubelte und sang. Sein Flug glich einem Tanz in der Luft.

„Das ist die Lerche", flüsterte Friedel. „Ich bin ihr schon oft auf meinem Feld begegnet."

Die Lerche sang von der Freiheit und der Freude am Leben. Sie lobte Gott und zählte alles auf, worüber sie sich freute. Nachdem sie ein Lied beendet hatte, fing sie sofort mit dem nächsten an.

„Sie singt so schön", seufzte Friedel. „Hörst du, wie glücklich sie darüber ist, dass sie frei ist?"

„Dann gibt es sie vielleicht doch, diese Freiheit?", überlegte Wanda.

Nun schien die Lerche eine kleine Pause machen zu wollen, denn sie setzte sich auf einen Ast.

„Dummer Vogel!", plärrte eine Krähe. „Was singst du da für einen Unsinn?"

Die nächste krächzte: „Du und frei? Haha, dass ich nicht lache! Du bist wohl übergeschnappt!"

„Was redet ihr da?", wandte die Lerche sich an die schwarzen Vögel. „Es ist so, wie ich es gesungen habe: Ich bin frei."

Die alte Krähe fuhr sich mit dem Flügel über die Stirn. „Entweder sie ist verrückt und leidet unter Größenwahn oder sie ist ein wenig zurückgeblieben. Wenn das der Fall sein sollte, dann ist es allerdings ein Wunder, dass sie noch nicht gefressen wurde."

„Ich glaube, ihr versteht mich nicht", trillerte die Lerche.

„Natürlich habe ich Feinde, vor denen ich mich in Acht nehmen muss. Und natürlich muss ich auch kämpfen. Ich kämpfe
um mein tägliches Futter und um einen geschützten Platz bei
Wind und Wetter. Ja, wenn ihr es von dieser Seite seht, dann
stimme ich euch zu: Eine solche Freiheit gibt es nicht."

Wanda trippelte ein Stück nach vorn, damit sie die Lerche
besser sehen konnte. „Und warum singst du dann von der
Freiheit und der Freude am Leben?"

„Weil ich damit eine andere Freiheit meine." Die Lerche
breitete ihre Flügel aus, als wollte sie die ganze Welt umar-
men. „Und diese Freiheit trägt mich und lässt mich singen."

„Das musst du mir genauer erklären", rief Wanda. „Ich
verstehe das nicht!"

Statt einer Antwort erhob sich die Lerche wieder in die
Luft und sang:

„Im Licht der Morgenröte beginne ich mit meinem Lied.
Ich danke dir, mein Gott, vom Morgen bis zum Abend.
Du hast mich wunderbar gemacht.
Du siehst jeden meiner Flügelschläge.
Unter dem Schatten deiner Flügel bin ich sicher,
auch nachts kann mich nichts von dir trennen.

Weil du mich liebst, kann ich dich lieben.
Selbst der Tod schreckt mich nicht, denn du bist ja da.
Von dir komme ich, oh Gott, und zu dir gehe ich.
Flöge ich hinauf in den Himmel, so wärst du bei mir.
Stürzte ich ins Meer, würde dein Flügel mich halten.

Ich habe nie Vorräte gesammelt und doch hast du mich
ernährt.
Du hast mir ein Federkleid gegeben und Flügel, damit ich
fliegen kann.

Du hast mir eine Stimme gegeben und mir befohlen, zu singen.
Ich kann nicht schwimmen wie die Fische.
Ich habe kein Fell wie die Tiere des Waldes.
Ich habe nicht den Verstand des Menschen.
Aber ich bin ich.

Du hast mich wunderbar und vollkommen gemacht, oh Gott.
Darum sehne ich mich nicht nach dem,
womit du andere Geschöpfe beschenkt hast.
Jeder ist besonders, und ich bin frei, so zu sein, wie du mich haben willst.
Frei, das zu tun, wozu du mich bestimmt hast.

Ich genieße es, mich in die Lüfte zu erheben und zu singen.
Es macht mich froh, dich, meinen Schöpfer, zu preisen.
Ich tue, wozu du mich geschaffen hast,
und liebe dich so, wie ich es vermag.
Das ist die wahre Freiheit.

Ich bin frei! Ich bin frei! Ich bin frei!
Danke, mein Gott!"

Plötzlich sprang Wanda auf und rannte los.

Friedel eilte ihr nach. „Hehehe, so warte doch, Wanda! Wo willst du denn hin?"

„Na, das ist doch klar!", antwortete Wanda. „Ich muss mich beeilen! Ich muss mein Mauseleben leben! Bestimmt wartet schon Billy, mein Mäuserich auf mich! Und dann bekommen wir viele kleine Mausebabys. Ich werde sie füttern und großziehen und ihnen vieles beibringen! Sie sollen erfahren, dass es gut ist, eine Maus zu sein.

Denn wenn die Lerche recht hat, dann hat Gott auch mich geschaffen. Und dann gibt es auch für mich diese Freiheit. Mach's gut, Feldmaus, und falls wir uns hier nicht mehr sehen, dann treffen wir uns sicher eines Tages im Mäusehimmel!"

Warum ist Wanda traurig?

Was lernt sie durch den Gesang der Lerche?

Elmondo schleppt

Elmondo, der junge Esel, galoppierte über ein Stoppelfeld.

Plötzlich hörte er eine brummige Stimme: „Du wild gewordener Trumpeltrampel!"

Elmondo bremste scharf ab und wandte sich um. „Iah, iah, wer ist denn da?"

„Bist du blind, oder was?", schimpfte die Stimme weiter. „Du hast meinen Haufen zerstampft, meinen schönen neuen Erdhaufen!"

Endlich entdeckte Elmondo den Maulwurf Maxe. Er guckte aus einem Erdhügel heraus und hob die Pfote, als wollte er dem Esel eine Ohrfeige verpassen.

Elmondo lachte. „Iah, iah. Maxe, machst du Witze? Wenn ich deinen Erdhaufen getroffen hätte, könntest du nicht so vergnügt dort herausschauen."

„Von wegen vergnügt, oder was?", maulte der Maulwurf. „Man sollte dir mal ordentlich eins auf die Nase geben! Du bist ein unerzogener, blinder Trumpeltrampel!"

„Mein Name ist Elmondo." Der Esel richtete sich zu seiner vollen Größe auf. „Iah. Und ich bin weder blind noch unerzogen."

„Für mich bist du der Trumpeltrampel!" Der Maulwurf fuchtelte jetzt mit beiden Pfoten in der Luft herum. „Unerzogen und blind bist du. Und faul noch dazu. Sonst würdest du graben, oder was. Ja, du bist ein Trumpeltrampel-Faultier!"

„Hihihi", krächzte es auf einmal über ihnen. „Elmondo, das Trumpeltrampel-Faultier! Das muss ich meinen Geschwistern erzählen!"

Der junge Esel hob den Kopf und sah, dass über ihm

eine Krähe herumflatterte. Sie lachte und spottete weiter: „Krahaha, Elmondo Blindläufer. Trumpeltrampeltrimpel-Faultier! Ich werde es im ganzen Wald erzählen, ich werde …"

„Hör auf!", schrie der Esel. „Ich habe gar nichts getan, iah!"

„Du hast meinen Erdhaufen zertrampelt", widersprach Maxe.

„Kraha, kraha, da hörst du es!" Die Krähe flatterte jetzt so dicht über dem Esel, als wollte sie ihn mit dem Flügel schlagen. „Du Trumpeltrampel-Blindfaultier! Haha, krakra."

„Halt den Schnabel!" Wütend sprang Elmondo in die Höhe, aber die Krähe wich ihm aus. „Du darfst das nicht weitererzählen, das war nicht mit Absicht, das … "

„Haha, krakra", übertönte ihn der schrille Schrei der Krähe, die sich mehr und mehr von ihnen entfernte. „Ich erzähle, was ich will! Haha, kraha!"

„Selber schuld", knurrte Maxe. „Du hast meinen Haufen zertrampelt und … "

„Jetzt reicht es mir aber!", brüllte Elmondo wütend und rannte auf den Maulwurf zu, doch der verschwand schnell in der Erde. Da stampfte der Esel wie wild auf dem Maulwurfshaufen herum, sprang dann zum nächsten Hügel und machte auch diesen platt.

So zerstörte er einen Maulwurfshaufen nach dem anderen und schimpfte: „Iah! Das lasse ich mir nicht gefallen! Das gibt Rache!"

Als er damit fertig war, galoppierte er los, um die Krähe zu suchen. Sicher saß sie in einer der großen Weiden am Fluss.

Dort traf er den Biber Bastel, der gerade wieder an einem neuen Damm baute.

„Hast du die Krähe gesehen?", fragte Elmondo.

„Keine Zeit, tut mir leid!", schnarrte der Biber. „Muss bauen und schauen, raspeln und basteln, nagen und …"

„Ich will doch nur wissen, ob du die Krähe gesehen hast", unterbrach ihn der Esel ungeduldig.

Der Biber rückte einen Stamm zurecht. „Wenn ich sage, ich habe keine Zeit, dann habe ich keine Zeit."

„Du brauchst mir doch nur zu antworten!" Elmondo stampfte mit dem Hinterhuf auf. „Das ist doch nicht so schwer, iah! Ich wäre schon längst wieder weg, wenn du mir geantwortet hättest."

„Kenne keine Krähe", brummte der Biber.

„Iah." Elmondo stampfte erneut auf. „Ich will nicht wissen, ob du eine Krähe kennst, sondern …"

Doch bevor er seinen Satz beendet hatte, tauchte der Biber unter und schwamm eilig den Fluss hinab.

„Das merke ich mir!", schimpfte Elmondo und trottete näher an den Fluss heran. „Wir hätten Freunde werden können, iah. Ja, das merke ich mir!" Er zog einen Ast aus dem Biberdamm, lud ihn sich auf den Rücken und murrte: „Dieser Ast wird mich an die Frechheiten des Bibers Bastel erinnern."

Dann hob er den Kopf und musterte die Bäume, die am Ufer des Flusses standen. Doch anstelle einer Krähe entdeckte er Pikko, den Buntspecht, der eifrig am Stamm einer Birke herumklopfte.

„Hallo Pikko", rief der Esel. „Hast du die Krähe gesehen?"

Pikko unterbrach seine Arbeit. „Welche Krähe? Hier in der Gegend gibt es mehr Krähen als Käfer unter der Borke. Woher woll ich wissen, welche Krähe du suchst?"

„Ähm …" Elmondo trat von einem Bein auf das andere und überlegte, wie er die Krähe beschreiben könnte. „Also … sie krächzt schlimmer als ein alter Esel und spottet *kraha* …"

„Das tun alle Krähen." Pikko ließ ein Stück Rinde fallen.

„Aber sie ist frech und gemein! Sehr gemein!" Zur Bekräftigung seiner Worte nickte Elmondo.

Pikko hämmerte weiter. Der Esel schaute ihm dabei zu und wartete auf eine Antwort.

Als der Specht immer weiterklopfte, dachte Elmondo: *Er lässt mich hier stehen und reden und arbeitet einfach weiter. Er ist nicht besser als der Biber!* Wütend drehte er sich um und schlug mit dem Hinterhuf gegen die Birke.

„Was ist los?" Pikko schaute herunter.

„Du bist unhöflich, iah!", schimpfte Elmondo. „Ich rede mit dir und du hackst einfach weiter auf diesem Stamm herum."

„Aber ich habe doch mit dir gesprochen", entgegnete Pikko. „Ich habe dir gesagt, dass es schwer ist, eine einzelne Krähe wiederzufinden. Kennst du denn wenigstens ihren Namen?"

„Nein", antwortete der Esel. „Sie hat sich mir nicht vorgestellt."

„Das dachte ich mir. Krähen sind keine besonders höflichen Vögel." Der Buntspecht nickte und pickte dabei ein weiteres Stück Rinde ab.

„Iah!" Elmondo stampfte auf. „Trotzdem muss es doch möglich sein, dieses unverschämte Tier wiederzufinden!"

„Es tut mir leid." Der Buntspecht hämmerte ein paar Takte. „Ich muss jetzt wirklich weiterarbeiten. Vielleicht solltest du die Frechheiten dieser Krähe einfach vergessen?"

„Vergessen? Das kommt gar nicht infrage! Ich muss ihr doch zeigen, dass sie so etwas mit mir nicht machen kann!"

Pikko hämmerte ein weiteres Stück Rinde ab und verspeiste einen Wurm.

Da trat Elmondo erneut gegen den Stamm. „Iah! Ich habe dieses Gespräch noch nicht beendet!"

„Und ich habe gesagt, dass ich weiterarbeiten muss", erwiderte der Specht und hämmerte weiter, ohne sich noch einmal unterbrechen zu lassen.

Elmondo lief zurück zum Biberdamm, zog einen weiteren Ast heraus und lud ihn sich auf den Rücken. „Das ist die Erinnerung an die Frechheiten des Spechts", grummelte er. „Auch mit Pikko werde ich eines Tages noch abrechnen. Und da ich nun gerade dabei bin, lade ich mir auch gleich noch einen Ast für die Krähe auf."

Während er sich den nächsten Ast aussuchte, fiel ihm Maxe Maulwurf wieder ein. Mit Maxe hatte alles angefangen. Zwar hatte Elmondo ihn schon bestraft, indem er all seine Hügel zertrampelt hatte, aber das war nicht genug.

Deshalb packte er sich auch für Maxe noch einen Ast auf den Rücken und ächzte: „Iah! Diese Äste werden mich an all eure Frechheiten erinnern! So kann ich sie nicht vergessen, iah, nicht vergessen!"

Der Esel trottete in Richtung des Waldes. Leider konnte er nun nicht mehr galoppieren, denn die Äste drohten jeden Moment herunterzurutschen. „Iah. Rutscht mir ja nicht den Buckel runter", warnte er seine schwere Last.

„Wo und wann wird gerutscht?", fragte auf einmal eine hohe Stimme. „Ich rutsche für mein Leben gern!"

Elmondo fuhr herum.

Aus dem Gebüsch kam eine junge Ziege gehopst. „Mäh mäh, hab ich richtig gehört? Du hast was von einer Rutsche erzählt. Wo ist die Rutsche, ich will sie testen!"

„Iah, da hast du dich leider verhört", antwortete der Esel. „Hier ist keine Rutsche. Wer bist du überhaupt?"

„Ich bin Zilly, mäh mäh – und wer bist du?"

„Guten Tag, Zilly Mähmäh, iah", sagte der Esel. „Mein Name ist Elmondo."

„Ich heiße nicht Mähmäh Iah", meckerte die Ziege, „sondern Zilly. Einfach nur Zilly."

Elmondo räusperte sich. „Ach so, iah."

Die Ziege sprang auf einen Baumstumpf. „Ich habe gesagt, ich heiße Zilly. Punkt. Warum nennst du mich *Iah*? Mäh mäh."

„Ich habe dich gar nicht *Iah* genannt, Zilly, ich habe nur …"

„Jetzt war es richtig!" Zilly hüpfte im hohen Bogen vom Baumstumpf herunter und landete vor dem Esel. „Wollen wir um die Wette springen, Elmondo? Du kannst das bestimmt auch gut. Ich suche schon lange einen Freund, der sportlich ist und mit mir tobt und turnt. Willst du mein Freund sein, mäh mäh?"

„Du willst meine Freundin sein?"

Zilly nickte.

Der Esel musterte die junge Ziege. Ihr Fell war fast so grau wie sein eigenes, nur ihre Beine sahen aus, als hätte sie weiße Kniestrümpfe an. Ihre Augen strahlte ihn an, dass ihm ganz warm wurde. „Iah", erwiderte er heiser. „Ich will gern dein Freund sein."

„Fein, mäh mäh!", jubelte Zilly und sprang um Elmondo herum. „So einen großen, starken Freund wie dich habe ich mir schon immer gewünscht, ehrlich, mäh mäh. Und dein Name ist so wohlklingend: Elmondo, mäh mäh."

„Iah, aber ohne *mäh mäh* bitte", sagte der Esel.

Zilly lachte: „Und ohne *Iah*. An die Besonderheiten unserer Sprache müssen wir uns noch gewöhnen, aber das dürfte doch kein Problem sein, mäh mäh. Oder was meinst du, Elmondo?"

„Nein, iah. Das ist selbstverständlich kein Problem."

Zilly stupste Elmondo in die Seite. „Und nun schmeiß endlich diesen Kram von deinem Rücken herunter und lass uns toben!"

„Nein! Das geht nicht!" Der Esel fuhr herum. „Diese Stöcke werfe ich erst ab, wenn ich es dem Maulwurf, der Krähe, dem Biber und dem Specht so richtig gezeigt habe, iah!"

„Was willst du ihnen zeigen, mäh mäh?" Zilly schüttelte den Kopf. „Das verstehe ich nicht. Macht ihr so eine Art Wettkampf im Lastentragen? Ich kann auch etwas tragen, aber du bist sicher viel stärker, Elmondo. Und ich kann mir nicht vorstellen, dass der Maulwurf, die Krähe, der Biber oder der Specht es mit dir aufnehmen können."

„Nein, es ist kein Wettkampf, iah." Der Esel warf seinen Kopf nach hinten. „Diese Tiere haben mir unrecht getan, sie haben mich verletzt, verstehst du?"

Anstelle einer Antwort sprang Zilly erneut um den Esel herum. „Wo bist du verletzt?", fragte sie, als sie wieder vor seiner Nase auftauchte. „Ich sehe keine Schramme, kein Blut und nichts ... Und überhaupt – wieso schleppst du Stöcke, wenn sie dich verletzt haben? Und wie kann das sein, dass diese kleinen Tierchen einen großen Esel wie dich verletzen können? Ich verstehe das nicht, ich verstehe es einfach nicht."

„Iah, ich kann es dir erklären, wenn du mit deinem Gehüpfe und Gespringe aufhörst und mir zuhörst."

„Das will ich, mein Freund, mäh mäh", rief Zilly und ließ sich neben Elmondo ins Gras fallen.

Da der Esel befürchtete, seine Last zu verlieren, legte er sich nicht hin. Er blieb neben der Ziege stehen und erzählte seine Geschichte.

Als er damit fertig war, sprang die Ziege auf und drückte ihm einen Kuss auf die Nase. „Es tut mir leid, dass diese Tiere dir wehgetan haben, mäh mäh. Aber ich finde es dumm, dass du deshalb jetzt diese Last mit dir herumschleppst. Wirf das Zeug doch einfach weg und lass uns springen und toben!"

„Das geht nicht", seufzte der Esel. „Denn wenn ich die Äste abwerfe und springe und tobe, dann vergesse ich womöglich, was sie mir angetan haben!"

„Und was wäre daran so schlimm?", fragte Zilly.

„Du hast mir nicht richtig zugehört, iah!" Elmondo schaute die Ziege an und wackelte mit seinen Ohren. „Du verstehst mich nicht, iah. Du willst meine Freundin sein und verstehst mich einfach nicht!"

„Ich verstehe dich sehr wohl, mäh mäh", entgegnete die Ziege. „Du bist verletzt und ärgerlich. Der Mauwurf, die Krähe, der Biber und der Specht haben dir wehgetan, mäh mäh. Das tut mir leid."

Bevor Elmondo nicken konnte, sprang Zilly wieder hoch und drückte ihm noch einen Kuss auf die Nase. Dann sprach sie weiter: „Du schleppst also diese Last mit dir herum als Erinnerung an den Schmerz, den sie dir zugefügt haben, mäh mäh. Ist es so?"

Elmondo nickte.

„Was werden der Maulwurf, die Krähe, der Biber und der Specht wohl jetzt tun?", fragte Zilly. „Denkst du, die ärgern sich darüber, dass hier ein Esel herumläuft und Lasten schleppt, weil er so eine Wut auf sie hat?"

„Vermutlich nicht", seufzte der Esel. „Sie werden graben und fliegen und schwimmen und tun, was sie immer tun."

„Und nun sag mir, ob dich diese Äste stören", fuhr die Ziege fort. „Stören sie dich beim Springen und Rennen?"

„Natürlich stören sie mich", brummte der Esel. „Ich kann mich ja nicht einmal richtig ausruhen, solange ich sie auf dem Rücken habe."

„Dann wirf sie doch endlich ab, Elmondo", sagte Zilly sanft. „Du musst den anderen ihre Schuld nicht nachtragen. Dadurch belastest du dich nur selbst. Wirf die Last ab und lass uns rennen und springen und fröhlich sein."

Warum schleppt der Esel die Stöcke mit sich herum?

Welchen Rat gibt ihm Zilly?

Ist es dir auch schon einmal schwergefallen, jemandem zu vergeben?

Die Nuss

Die beiden Eichhörnchen Eddy und Emma saßen in einem Haselstrauch. Während Eddy noch dabei war, eine harte Schale aufzunagen, schluckte Emma ihren letzten Bissen hinunter. Dann schwang sie sich weiter hinauf, um die nächste Nuss zu pflücken.

Kurz darauf rief sie laut: „Eddy! O Eddy!"

Eddy zuckte zusammen und ließ seine angenagte Nuss fallen.

„Ich habe die riesigste Nuss aller Zeiten gefunden. Sie ist mindestens so groß wie …"

Eddy stieß einen ärgerlichen Pfiff aus. „Warum schreist du so? Jetzt habe ich meine Nuss verloren. Die ganze Arbeit war umsonst!"

„Aber das ist die Nuss aller Nüsse! Einfach sensationell! Ich wette, dass sogar der alte Hirsch Humbold über ihre Größe staunen wird!"

„Du mit deinen Übertreibungen", murrte Eddy. „Du solltest zum Buschfunk gehen, da kannst du deine Märchen erzählen. Außerdem glaube ich kaum, dass ein alter Hirsch solche Früchte aufnagen kann."

Endlich hatte es Emma geschafft, die Nuss abzuzupfen. Sie hopste mit ihrer Beute zu Eddy.

Erstaunt riss er die Augen auf. „Oh, die ist tatsächlich größer, als ich dachte. Obwohl du wieder maßlos übertrieben hast. Gib mal her, ich werde sie aufnagen und prüfen, ob …"

„Nein!" Emma umklammerte ihren Fund und schwang sich damit auf den nächsten Ast. „Diese Mega-Nuss wird nicht aufgenagt. Nicht von dir, nicht von mir, nicht von Hirsch Humbold, nicht von Hamster Henri und auch sonst von niemandem. Diese Nuss werde ich an einem sicheren Ort vergraben. Aber vorher werde ich ein Zeichen auf der Schale anbringen. Damit jeder sehen kann, dass es *meine* Nuss ist."

Sogleich fing Emma an, in die Schale der Nuss ein Muster zu nagen.

„Na gut", seufzte Eddy, „dann vergraben wir sie eben. Und wenn wir diesen Strauch hier abgeerntet haben und uns der Hunger plagt, dann …"

„Dann werden wir uns den leckeren Zapfen zuwenden", vollendete Emma seinen Satz und deutete mit ihrem Ohr auf eine Fichte. „Außerdem haben wir schon genügend andere Speisen vergraben, auf die wir im Notfall zurückgreifen können."

Eddy leckte sich das Mäulchen. „Aber vielleicht ist dieses Dingsda hohl. Und wenn du es vergräbst, wirst du nie wissen, wie es schmeckt."

„Wenn es hohl ist, schmeckt es nach Luftnuss, das ist ja wohl klar!" Emma hopste von einem Hinterbein auf das andere. „Und jetzt kannst du von mir aus dein angenagtes Abendessen suchen. Ich kümmere mich inzwischen um ein sicheres Versteck für diese Kostbarkeit!"

In den darauffolgenden Tagen drängte Eddy immer wieder: „Geh und hol die Nuss. Es war dumm, dass du sie vergraben hast. So werden wir nie erfahren, was sich unter der Schale verbirgt. Man müsste sie ausbuddeln und aufnagen."

„Vielleicht grabe ich sie im Winter aus", vertröstete ihn Emma. „Wenn es wenig Futter gibt, werden unsere Freunde noch mehr über diesen sensationellen Fund staunen."

Eddy ärgerte sich, dass er Emma beim Vergraben der Nuss nicht heimlich beobachtet hatte. „Warum willst du sie erst im Winter ausgraben? Du hast ein Gedächtnis wie ein durchlöchertes Blatt. Im Winter wirst du längst vergessen haben, wo du die Nuss verbuddelt hast."

„Nein", widersprach Emma. „Diese Stelle werde ich nie und nimmer vergessen. Hör endlich auf zu nörgeln. Ich hole sie jetzt nicht heraus. Es gibt Futter in Hülle und Fülle, da wäre es dumm, unsere Wintervorräte zu verbrauchen."

„Aber war es nicht dumm, eine Nuss zu vergraben, die vielleicht innen hohl ist?"

Emma schnalzte. „Aber, Eddy! Wir vergraben viele Nüsse, von denen wir nicht wissen, ob sie hohl sind. Und nun komm, ich will dir eine Buche zeigen, die voller Früchte hängt. Die Bucheckern schmecken in diesem Jahr nach Sonnenstrahlen und Sommerregen."

„Was du immer schmeckst", brummelte Eddy. „Wahrscheinlich schmecken sie wie immer, aber du übertreibst mal wieder."

Die Wochen vergingen, der Winter kam mit Kälte und Schnee. „Jetzt ist die Zeit gekommen, unsere Vorräte auszugraben", stellte Eddy fest. „Du solltest mir zeigen, wo du die große Nuss versteckt hast."

Emma eilte einen Fichtenstamm hinauf. „Nein. Die Mega-Nuss wird nicht angerührt, solange noch andere Nahrung da ist. Komm, lass uns Zapfen pflücken. Wer die meisten findet, ist Zapfenkönig."

Die beiden Eichhörnchen sprangen von Baum zu Baum. Eddy entdeckte in einem Garten ein Futterhaus, das täglich mit frischen Körnern, Nüssen und Obst aufgefüllt wurde. Und Emma stieß bei ihren Ausflügen auf eine unbewohnte Baumhöhle.

„Das wird ab jetzt unsere Zweitwohnung sein", erklärte sie. „In dieser Gegend gibt es mehr Futter als bei unserem Kobel."

Als der Schnee taute, fragte Eddy: „Haben wir jetzt nicht genug Zeit in unserem Zweitwohnsitz verbracht? Wir sollten nach Hause hüpfen. Dort können wir uns auf die Suche nach der Mega-Nuss machen."

Aber auch diesmal schüttelte Emma den Kopf. „Nein. Der Winter ist noch nicht vorbei. Und wir haben noch so viele andere Vorratslager, wie es bisher Schneeflocken gab."

„Du übertreibst mal wieder." Eddy richtete sich auf und schnupperte in die Luft. „Außerdem befürchte ich, dass noch mehr Schnee fällt. Du weißt, wie schwer das Graben ist, wenn der Boden mit Schnee bedeckt ist. Wir sollten also vorher …"

„Gib endlich Ruhe", unterbrach ihn Emma. „*Ich* habe die Nuss gefunden, und *ich* werde entscheiden, wann wir sie ausgraben."

„Ach, mach doch was du willst!" Ärgerlich warf Eddy ein angeknabbertes dürres Apfelstück nach Emma. „Ich werde deine Nuss nie mehr erwähnen. Aber ich sage dir, wenn ich demnächst einen besonderen Leckerbissen finde, bekommst du kein Stück davon!"

Im Frühjahr begann alles zu grünen und zu blühen. Die Eichhörnchen fanden viele frische Triebe. Dann bekam Emma Nachwuchs und hatte damit zu tun, ihre Jungen zu versorgen. Eddy streifte allein durch den Wald. Als die kleinen Eichhörnchen selbstständig waren, erwartete Emma

schon die nächsten Babys. Der Herbst kam, der Winter und der Frühling. Niemand sprach mehr von der großen Nuss.

Der Sommer des folgenden Jahres war heiß und trocken. Emma hatte wieder Junge bekommen, die inzwischen schon alt genug waren, um mit auf Futtersuche zu gehen. Da fiel ihr die große Nuss wieder ein.

Sie sagte zu ihren Kindern: „Es ist an der Zeit, dass ich euch die größte Nuss zeige, die ich in meinem Leben entdeckt habe. Sie befindet sich in einem Geheimversteck: drei Hopser entfernt von der dicksten Wurzel der Eiche mit der großen Höhle. Diese Eiche steht direkt neben der Buche, deren Früchte nach Sonnenstrahlen und Sommerregen schmecken. Dorthin werden wir jetzt springen."

Sogleich machten sich die Eichhörnchen auf den Weg. Unterwegs schwärmte Emma ständig von der Mega-Nuss. „Sie ist sooo groß – ihr werdet alle davon satt werden."

„Jetzt übertreibst du aber", sagte ihr ältester Sohn.

„Ein bisschen vielleicht", antwortete Emma. „Aber ein Stück zum Kosten wird jeder bekommen."

Kurz vor ihrem Ziel deutete sie auf einen Busch. „Schaut, Kinder, das ist der Haselstrauch, an dem die Nuss gewachsen ist. Nun ist es nicht mehr weit."

Es fiel Emma nicht schwer, die Eiche mit der großen Höhle zu finden. In der Höhle schlief eine Eule. Leise kletterten die Eichhörnchen den Stamm hinab. Die dickste Wurzel des Baumes war deutlich zu erkennen.

Emma maß drei Hopser ab und landete in einem kleinen Strauch. „Merkwürdig. Hier war doch mein Geheimversteck. Wo kommt dieses Gewächs jetzt her?"

„Vielleicht musst du in die andere Richtung hopsen", schlug ihr ältester Sohn vor.

Emma schaute ihn ratlos an. „Aber ich bin wirklich der Meinung, dass ich die Nuss gerade hier vergraben habe."

„Du solltest es versuchen, Mama. Es ist ja allgemein bekannt, dass Frauen keinen Orientierungssinn haben."

Empört wollte Emma ihrem Sohn einen Klaps geben, doch der sprang keckernd auf die Eiche.

„Wir können doch alles aufbuddeln, was drei Sprünge von der großen Wurzel entfernt ist", schlug ein anderes Kind vor. „Wir sind genügend Hörnchen."

„O ja!", rief das jüngste Kind. „Vielleicht finden wir dabei noch andere Schätze!"

Emma strich sich über den Bauch. „Ja, das ist eine gute Idee. So übt ihr euch gleich ein bisschen im Buddeln. Und wenn ihr Hunger bekommt, macht ihr Rast in der Eiche. Ihre Früchte sind zwar noch etwas unreif, aber das macht nichts."

So fing Familie Eichhorn an, den Boden unter der Eiche aufzubuddeln. Sie fanden Steinchen, Eicheln, Würmer und Holzstückchen. Eines der Mädchen kam jammernd zu Emma gesprungen, es hatte sich an einer Glasscherbe geschnitten. Die Mutter tröstete ihre Tochter, dann schaufelten sie weiter. Sie gruben jeden freien Fleck unter der Eiche um, fanden aber keine einzige Nuss.

Schließlich sprang Emmas ältester Sohn noch einmal zu dem jungen Strauch und rief: „Vielleicht hast du dir die Stelle ja doch richtig gemerkt? Womöglich ist dieser Strauch genau über deinem Geheimversteck gewachsen!"

„Dann müssten wir die Wurzeln dieser Pflanze freilegen", sagte ein anderer Sohn. „Oder unter den Wurzeln nachschauen."

„Lasst es uns versuchen", meinte Emma. „Ich hoffe nur, dass niemand meine Mega-Nuss gestohlen hat!"

Das Freilegen der Wurzeln war eine ziemlich schwere Arbeit.

„Es muss hier sein", sagte Emma immer wieder. „Ich bin sicher, es war hier."

Auf einmal rief das jüngste Kind: „Ich habe ein Stück Nussschale gefunden!"

Sofort kamen alle Eichhörnchen zusammen. Der Kleine reichte Emma sein Fundstück und sie entfernte den Schmutz von der Oberfläche.

Aufgeregt rief sie: „Das ist ein Teil meiner Mega-Nuss! Seht ihr hier meine Nagespuren?"

„Jemand muss die Nuss aufgeknackt haben", sagte die jüngste Tochter.

Der älteste Sohn schüttelte den Kopf. „Und dann hat er die Schalen wieder verbuddelt? Das wäre ja dumm."

„Vielleicht wurde die Nuss durch das Erdreich hindurch gefressen?", überlegte eines der Kinder. „Von einem Tier, das wir nicht kennen? Mit einem schlanken Rüssel, wie ihn die Schmetterlinge haben, und Zähnen wie …?"

„Unsinn", unterbrach es der älteste Sohn. „So ein Tier gibt es nicht."

Plötzlich ertönte über ihnen eine wütende Stimme: „Was ist das für ein Gezeter da unten? Hat man denn nicht mal am Tag seine Ruhe zum Schlafen?"

Erschrocken hoben die Eichhörnchen die Köpfe. Der älteste Sohn fasste sich ein Herz und sagte: „Entschuldige bitte, liebe Eule, wir wollten dich nicht stören. Aber wir haben ein Problem. Vielleicht kannst du uns helfen. Weißt du, wer die Nuss geknackt hat?"

„Welche Nuss?", fragte die Eule. „Nüsse schmecken mir nicht und auf diesem Baum hier wachsen nur Eicheln."

Emma erklärte: „Ich wollte eine Nuss ausbuddeln, die ich vor langer Zeit hier vergraben habe. Es war eine besondere Nuss. Wir haben schon alles umgepflügt und nun hat mein Sohn den Rest der Nussschale unter diesem Strauch gefunden. Wir fragen uns, wer sie aufgeknackt und dann die Schale wieder vergraben hat."

Um besser sehen zu können, verließ die Eule ihre Höhle und flog auf den untersten Ast der Eiche. Mit großen Augen musterte sie den aufgewühlten Boden. „Oh, hier sieht es ja aus, als wäre das Wildschwein Wally da gewesen."

„Jetzt übertreibst du aber", sagte Emma und deutete auf den kleinen Strauch. „Da drunter haben wir die Schale der Nuss gefunden. Genau unter den Wurzeln. Was meinst du – ob vielleicht diese Wally die Nuss gefressen hat?"

Emma kletterte den Stamm hinauf und reichte der Eule die Nussschale.

Die Eule warf nur einen kurzen Blick darauf und ließ sie fallen. „Diese Nuss hat niemand genommen, das ist doch völlig klar. Der Strauch da drüben war die Nuss."

„So ein Unsinn." Der älteste Sohn schüttelte sich. „Du hast wohl schlecht geträumt. Wie kann ein Strauch eine Nuss sein?"

„Ihr wisst aber auch gar nichts!" Die Eule seufzte. „Nun gut, ich will es euch erklären. Aber dann verschwindet ihr und lasst mich in Ruhe schlafen."

„Das versprechen wir", sagte Emma und ihre Kinder nickten dazu.

Die Eule deutete auf den Rest der Nussschale. „Du hast die Nuss in die Erde gelegt. Dort ist sie gestorben."

„Gestorben?", fragte das jüngste Kind.

„Ja, gestorben. Alles, was in die Erde gelegt wird, stirbt. Das habe ich schon oft beobachtet. Aber ich habe noch mehr beobachtet."

Gespannt schauten die Eichhörnchen zur Eule auf.

„Mit den Nüssen, Eicheln, Kernen und Körnern passiert etwas, das ich nicht erklären kann. Es ist ein Wunder. Ich habe schon mit vielen Gelehrten darüber gesprochen, keiner kann es verstehen. Es ist ein Geheimnis. Diese Dinge sterben und erwachen zu neuem Leben. Sie werden verwandelt."

Die Eule nickte Emma zu. „Deine Nuss ist gestorben und ihre Hülle ist in der Erde zurückgeblieben. Das neue Leben siehst du dort." Erneut deutete sie auf den jungen Haselstrauch.

„Bist du sicher?", fragte Emma.

„Ganz sicher", bekräftigte die Eule. „Du kannst alle Eulen weit und breit befragen, sie werden es dir bestätigen. Und du kannst es selber ausprobieren: Leg eine reife Eichel in die Erde und warte ab, was dann geschieht. Aber du musst Geduld haben, denn die Verwandlung braucht viel Zeit."

Die Eule gähnte. „So, nun haben wir genug geplaudert. Ich muss weiterschlafen. Und ihr solltet die Wurzeln des Strauches wieder mit Erde bedecken, damit er weiterwachsen kann. Ich hoffe, ihr habt ihn nicht zu sehr gestört."

„Das hoffen wir auch", seufzte Emma. „Und vielen Dank, du hast uns sehr geholfen."

Die Eule verschwand wieder in ihrer Höhle und die Eichhörnchen deckten schnell die Wurzeln des Haselstrauches mit Erde zu.

„Sensationell", murmelte Emma. „Meine Mega-Nuss ist ein Strauch geworden. Ein Haselstrauch, der bald meine ganze Familie satt machen wird."

Diesmal sagte niemand: „Jetzt übertreibst du aber."

Was ist mit der vergrabenen Nuss geschehen?

*Hast du auch schon einmal erlebt, wie aus
einem kleinen Samenkorn oder einer Frucht
eine neue Pflanze gewachsen ist?*

Was könnte diese Geschichte mit Ostern zu tun haben?

Knubbi

Knubbi, ein junger Kartoffelkäfer, nagte an einem Kartoffelblatt und verzog das Gesicht.

Da kam Dickie, einer seiner Brüder, angeschwirrt. Er setzte sich neben ihn und sagte: „Hey, du machst ein Gesicht, als hättest du in Stachelbeeren gebissen."

„Stachelbeeren? Kenn ich nicht", brummte Knubbi. „Viel schlimmer als dieses trockene Kraut kann das wohl auch nicht schmecken. Ich frage mich, wo die vielen saftigen Blätter geblieben sind ..."

„Du musst noch viel lernen", unterbrach ihn Dickie. „Ihr jungen Käfer denkt immer, es gäbe Futter ohne Ende. Aber die Blätter werden welk. Bald kommen die Menschen zur Ernte."

„Ernte? Menschen?" Mit weit aufgerissenen Augen blickte Knubbi seinen älteren Bruder an. „Was ist das – die Menschen?"

„Wie soll ich dir das nur erklären?", seufzte Dickie. „Sie sind groß. Und sie können Dinge tun, die du dir gar nicht vorstellen kannst. Und ..."

„Woher weißt du, dass es diese Menschen gibt?", rief Knubbi dazwischen. „Hast du denn schon einmal einen von ihnen gesehen?"

„Ja, das habe ich!" Dickie hob belehrend sein rechtes vorderes Käferbein. „Aber nicht ganz."

„Nicht ganz?" Knubbi schüttelte den Kopf. „Ich verstehe gar nichts."

„Ich sagte doch, sie sind sehr groß", fuhr Dickie fort und nahm sein Bein wieder herunter. „Wenn du über einen ihrer Füße krabbelst, denkst du, du steigst auf einen hohen Berg.

Und wenn du fliegst, kann es passieren, dass du gegen ihren Körper prallst. Wie gegen eine Mauer, verstehst du?"

„Nein. Was ist eine Mauer?", fragte Knubbi.

„Unterbrich mich doch nicht ständig!", rief Dickie genervt. „Also … einer von uns wollte einmal herausfinden, wo der Kopf des Menschen ist, doch da hat er sich in einem Gewirr von unzähligen dünnen Fäden verfangen."

„Fäden kenne ich!", meinte Knubbi erfreut. „Das ist das Zeug, das die Spinnen machen."

„Ja, so etwas Ähnliches haben die Menschen auf dem Kopf", nickte Dickie. „Jedenfalls war es ein Wunder, dass unser Bruder aus dem Fädengewirr wieder herausgefunden hat."

„Und wie hieß gleich dieses andere Wort, das du gesagt hast?", fragte Knubbi. „Was tun diese Menschen mit unseren Blättern hier?"

„Die Menschen ernten. Nicht die Blätter – sie holen die Knollen aus der Erde und nehmen sie mit."

„Sie nehmen sie mit? Diese großen Dinger? Wie soll das denn gehen?" Beunruhigt schaute sich Knubbi um.

„Und was wird dann mit uns? Nehmen sie uns auch mit?"

„Ach Knubbi, du musst wirklich noch viel lernen", lachte Dickie. „Wir lassen uns nicht mitnehmen. Wir doch nicht! Wenn die Ernte beginnt, fliegen wir weg. Und keine Sorge, ein paar Blätter bleiben übrig. Im Winter verkriechen wir uns an einem sicheren Ort und im Frühling wächst wieder neues Futter für uns."

Knubbi kratzte sich mit dem linken Vorderbein am Kopf. „Menschen, Ernte, Winter, Frühling … Ich verstehe das alles nicht."

„Das musst du auch gar nicht", tröstete Dickie. „Den Winter und den Frühling wirst du bald kennenlernen. Und der Mensch ist eben der Mensch. Wir können uns nicht vorstellen, wer oder was ein Mensch ist. Und er tut viele Dinge, die wir uns ebenfalls nicht vorstellen können. Weil wir eben keine Menschen, sondern Käfer sind. "

„Oh, jetzt habe ich eine Idee!", rief Knubbi. „Einer von ihnen muss es uns erklären! Einer von diesen Menschen!"

Dickie schüttelte den Kopf. „Ich glaube nicht, dass das möglich ist. Ein Mensch kennt unsere Sprache nicht und wir können seine nicht verstehen."

Doch so schnell gab Knubbi nicht auf. Schon hatte er eine neue Idee. „Dann müsste er sich eben verwandeln. In einen Kartoffelkäfer."

Dickie lachte laut auf. „Jetzt spinnst du aber total! Warum sollte ein Mensch so etwas tun, selbst wenn er es könnte?"

„Na … damit … damit wir ihn verstehen …", stammelte Knubbi. Dann senkte er den Kopf und murmelte: „Du hast recht, das ist Unsinn. Diese Menschen interessieren sich gar nicht für uns."

Dickie hob wieder sein rechtes Vorderbein und gab zu bedenken: „Außerdem musst du dir mal vorstellen, wie das wäre, wenn da ein Kartoffelkäfer daherkäme und sagen würde: ‚Hallo, ich bin eigentlich ein Mensch, und ich will euch mal was erzählen, über die Menschen und so.‘"

„Das wäre komisch", kicherte Knubbi. „Dem würde ich garantiert nicht glauben."

„Da siehst du es", nickte Dickie. „Das würde nicht funktionieren." Nach einer kurzen Pause sprach er weiter: „So ist das eben auf dieser Welt: Es gibt viele Geheimnisse. Und nun lass uns fressen, ich habe einen Bärenhunger!"

„Einen Bärenhunger? Was ist das denn nun wieder – ein Bär?"

„Keine Ahnung. Vielleicht ist es so etwas wie ein Mensch. Ich kann es dir wirklich nicht erklären, denn schließlich bin ich ja auch nur ein Kartoffelkäfer!"

Dickie ist älter als Knubbi, deshalb weiß er mehr. Was weiß Dickie, das Knubbi noch nicht weiß?

Warum können die Kartoffelkäfer nicht verstehen, wer oder was ein Mensch ist?

Was könnte diese Geschichte mit dem Glauben an Gott zu tun haben?

Das neue Kleid

Kelly, eine junge Krähe, landete bei ihrer Familie auf einer hohen Pappel. Sofort fing sie an zu schwatzen: „Ich war unterwegs im großen Park. Während ich nach Futter suchte, stolzierte am anderen Ende der Wiese der Pfau vorbei. So ein wunderbares Geschöpf habe ich noch nie gesehen! Seine bunten Federn hatte er zu einem Rad gespreizt. Der blaue Hals glänzte im Licht der Sonne und der bezaubernde Kopfschmuck kann es mit der Krone eines Königs aufnehmen. An ihm ist alles, aber auch alles wunderschön!"

Kellys beste Freundin Kora nickte. „Ja, ich habe ihn auch schon einmal gesehen. Leider nur von Weitem. Ich habe es nicht gewagt, ihm unter die Augen zu fliegen."

Krumpelina, eine alte Krähe, krächzte: „Ich kenne den Burschen auch. Ein aufgeblasener Angeber ist er. Bunte Federn, aber hohl im Kopf! Kein vernünftiges Wort kann man mit ihm wechseln! Der denkt nur an sich selbst. Dabei braucht er sich doch gar nichts einzubilden auf sein Aussehen, schließlich wurde es ihm so ins Ei gelegt."

„Hast du dich denn schon einmal mit ihm unterhalten?", fragte Kelly.

Krumpelina winkte ab. „Unterhalten? Denkst du etwa, der lässt sich mit unsereins auf ein Gespräch ein? Gelacht hat er über mich, einfach gelacht."

„Wahrscheinlich bist du zu alt für ihn", kicherte Kora. „Der steht nicht auf alte Krähen."

„Nein, er ist eingebildet und ungebildet", widersprach Krumpelina.

Kora rückte ein Stück näher an Kelly heran und wisperte:

„Die Alte hat immer etwas zu krächzen und zu krumpeln, sie heißt nicht umsonst Krumpelina."

„Weiß ich doch", sagte Kelly leise. Dann seufzte sie: „Ach, wenn ich doch ein wenig hübscher wäre! Dann könnte ich es wagen, den Pfau einmal anzusprechen. Ich würde ein wenig mit ihm plaudern und dann ..." Sie seufzte erneut und schaute an ihrem Federkleid herab. „Aber so, wie ich aussehe, brauche ich das gar nicht erst zu versuchen."

„Nun hör aber auf!", schimpfte Krumpelina. „Du solltest stolz sein auf dein schwarzes Gefieder! Rax, der Rabe, ist ganz vernarrt in dich."

Kelly schüttelte den Kopf. „Das bildest du dir nur ein. Was sollte der schon Besonderes an mir finden?"

Noch lange diskutierten die Krähen miteinander. Plötzlich tauchte die alte Kulla auf und berichtete: „Ich komme eben vom Nachbarfeld. Dort hat ein Traktor einen Sack mit herrlichen Körnern verloren. Der Sack ist aufgeplatzt und ich habe es mir schmecken lassen. Wenn ihr euch beeilt, könnt ihr auch noch etwas davon ergattern."

Sofort machten sich die Krähen auf den Weg. Kelly pickte schnell ein paar Körner und flog dann noch einmal zu der Wiese im Park, auf der sie am Morgen den Pfau gesehen hatte. Dort schaute sie sich um und dachte: *Ach, wenn doch der Pfau wiederkäme! Ich könnte zu ihm fliegen und ihm mitteilen, wo die Körner liegen. Dafür wäre er mir bestimmt dankbar.*

Aber sosehr sie auch suchte, sie konnte den Pfau nicht finden. Schließlich setzte sie sich traurig auf eine Buche. Als die Sonne unterging, musste sie allmählich an den Rückflug denken. Noch einmal ließ sie ihre Blicke über die Wiese schweifen. Doch was war das? Lag da nicht etwas Buntes?

Kelly flatterte vom Baum herunter. Tatsächlich, da lag eine Feder des Pfaus! Vorsichtig nahm Kelly diese Kostbarkeit in den Schnabel und trug sie nach Hause.

Am nächsten Tag zeigte sie ihrer Freundin Kora diesen Schatz. Diese steckte sich die Pfauenfeder ins Gefieder und richtete sich stolz auf. „Na, wie findest du das?"

„Schick siehst du aus!" Da hatte Kelly eine Idee. „Wie wäre es, wenn wir überall im Wald Ausschau nach schönen Federn halten? Die vormaligen Besitzer werden sie nicht vermissen, denn sie haben genug davon. Wir aber könnten uns damit schmücken."

Kora gab Kelly die Feder zurück und tappte von einem Bein auf das andere. „Ich weiß nicht, ob das geht. Ja, ich finde mein Aussehen auch langweilig. Und ich möchte gern den Pfau näher kennenlernen, traue mich aber nicht, ihn anzusprechen. Doch ich weiß nicht, ob das besser wird, wenn ich mich mit fremden Federn schmücke."

„Komm schon, lass es uns versuchen!", drängte Kelly. „Was kann schon schiefgehen?"

Schließlich willigte Kora ein und in den folgenden Tagen sammelten die beiden Krähen eine Feder nach der anderen: weiße von der Elster, gelbe vom Stieglitz und vom Pirol, rötliche vom Rotschwanz, grünliche vom Grünspecht, bräunliche vom Buchfink und vom Kernbeißer, graublaue von der Meise, getüpfelte vom Star und blau-schwarz-weiß gebänderte vom Eichelhäher. Sogar eine metallisch blau leuchtende Feder vom Eisvogel war dabei und viele, viele andere, die sie gar nicht zuordnen konnten.

„Ich wusste gar nicht, dass es so viele herrliche Federn gibt", schwärmte Kelly. „Wir werden von allen Vögeln das Beste anlegen und dadurch jeden überbieten."

„Jeden außer den Pfau." Kora schlug die Flügel vor der Brust zusammen und schloss die Augen. „Der Pfau erscheint mir so vollkommen, so unerreichbar schön – niemand wird sich jemals mit ihm messen können."

„Wart's ab", rief Kelly. „Bald wirst du der schönste Vogel

weit und breit sein." Nach einer Weile fügte sie hinzu: „Und ich natürlich auch."

Endlich hatten die beiden Krähen genug gesammelt. Sie trugen die fremden Federn an einen See, der sich in einer entlegenen Ecke des Parks befand, und begannen, sich zu schmücken.

Kora wählte nur wenige Federn aus und steckte sie behutsam in ihr schwarzes Kleid.

Kelly schüttelte missbilligend den Kopf. „Warum bist du so vorsichtig? Ich mag keine halben Sachen! Ich werde aus mir ein völlig neues Geschöpf machen, damit alle mich bewundern!"

Sie fing an, sich eine Feder nach der anderen auszurupfen, um sich so viele farbige Federn wie möglich anstecken zu können. Lange probierte sie hin und her, rupfte und zupfte, steckte hierhin und dorthin, bis sie endlich über und über mit fremden Federn geschmückt war.

Dann prüfte sie ihre Garderobe im Spiegel des Sees und erklärte: „Nun fühle ich mich angemessen gekleidet. So kann ich dem Pfau gegenübertreten."

„Ja, ich glaube auch, dass wir es jetzt wagen können", sagte Kora. „Lass uns den Park absuchen! Irgendwo muss der Pfau ja stecken."

Als die beiden Freundinnen aufbrachen, schaffte Kelly es kaum, sich in die Luft zu erheben. „Ach was", ächzte sie, „meine neue Garderobe ist eben noch ein wenig ungewohnt. Das wird mit der Zeit schon besser werden."

Auch Kora stellte fest, dass sie mit ihrem neuen Kleid nicht besonders gut fliegen konnte. Trotzdem suchten sie bis zum Abend nach dem Pfau.

Schließlich seufzte Kora: „Ich glaube, heute wird das nichts mehr. Wir sollten …"

„Da ist er!", rief Kelly. „Auf dem Dach des Schuppens! Lass

uns einfach über die Wiese spazieren und ein Gespräch mit ihm beginnen!"

Es dauerte nicht lange, bis der Pfau die beiden bemerkte. Erstaunt blieb er stehen und starrte sie an. Als sie nahe genug waren, fragte er: „Wo kommt ihr denn her? Gibt es hier in der Nähe einen Vogelzirkus? Solche Clownskostüme habe ich ja noch nie gesehen. Wenn eure Nummer so gut ist wie euer Aussehen, dann muss die Vorstellung sehr lustig sein!"

„Was sagst du da?" Kelly hob den Kopf. „Das sind keine Clownskostüme."

Der Pfau zwinkerte. „Keine Kostüme? Das verstehe ich nicht ... Was soll das denn sonst sein?"

„Wir gehören zu keinem Zirkus", erklärte Kora. „Wir haben uns nur schön gemacht."

„Schön gemacht?" Der Pfau lachte und schlug ein Rad. „Ihr glaubt im Ernst, ihr seid schön?"

„Natürlich sind wir schön!", krächzte Kelly.

Der Pfau schüttelte den Kopf. „Mit fremden Federn kann man sich nicht schön machen, damit kann man sich höchstens verkleiden oder verschandeln."

„Was sagst du da?" Kelly funkelte den Pfau an. „Verschandeln? Krah, du willst doch nur nicht, dass jemand schöner ist als du!"

Der Pfau drehte sich einmal im Kreis. „Ich bin und bleibe der schönste Vogel, daran wird sich nichts ändern. Da könnt ihr euch mit fremden Federn schmücken, solange ihr wollt. Ich finde eure Verkleidung überaus geschmacklos ... Ihr seht wie Vogelscheuchen aus."

„Vogelscheuchen nennst du uns?", rief Kelly entrüstet.

„Du hast richtig gehört", antwortete der Pfau. „Passt nur auf, dass ihr mit eurer Scheuchentracht nicht alle eure Freunde vertreibt!"

Kelly schlug sich mit dem Flügel an den Kopf. „Oh, wie

dumm wir waren! Wir haben der alten Krumpelina nicht geglaubt, als sie uns vor dir warnte. Sie sagte, du seist eingebildet und dumm. Jetzt merke ich, dass sie recht hat."

„Nun reicht es aber", krähte der Pfau und reckte den Hals.
„Ich habe euch nur meine Meinung gesagt. Wie ich sehe,
habt ihr sogar eine Feder von mir gestohlen! Eigentlich
müsste ich Anzeige erstatten. Seht zu, dass ihr verschwindet,
hier ist mein Revier!"

Enttäuscht verließen die beiden Krähen den Park und flogen in den Wald. Alle Vögel, denen sie begegneten, flatterten
erschrocken davon.

Nur der Unglückshäher seufzte: „So schön! So wunder-wunderschön!"

Sturnus, der Star, der nur noch sehr schlecht sehen konnte,
staunte: „Oh, was ist denn das? Die Menschen lassen sich immer wunderlichere Vogelscheuchen einfallen. Jetzt gleichen
sie uns schon in ihrer Gestalt und bewegen sich täuschend

echt. Aber mich können sie damit nicht hinters Licht führen, auch wenn ich nur die Hälfte erkenne."

Kora näherte sich dem Star und sprach leise auf ihn ein. „Meine Güte, Sturnus, bist du aber durcheinander! Auch wenn du mit deinen Augen Probleme hast, musst du doch merken, dass wir echte Vögel sind!"

„Echte Vögel?", kreischte der Star. „Nein, das kann nicht sein. Das muss ein übler Trick der Menschen sein – wer weiß, was sie damit bezwecken. Ich sehe zu, dass ich fortkomme von diesen Ungeheuern!"

„Krah, krah", jammerte Kora. „Unsere Idee war wohl doch nicht so gut! Es ist furchtbar, wie sie alle reagieren!"

„Du lässt dich natürlich gleich entmutigen", schimpfte Kelly. „Sturnus ist alt und auf die Meinung der kleineren Vögel haben wir doch noch nie viel Wert gelegt. Lass die Flügel nicht hängen. Komm, wir zeigen uns unserer Familie! Die werden Augen machen!"

Nach einem anstrengenden Flug landeten Kora und Kelly endlich auf der hohen Pappel. Doch sobald die anderen Krähen auf sie aufmerksam wurden, schrien und krächzten sie: „Eindringlinge! Verschwindet! Das ist unser Revier!"

Bevor die beiden auch nur ein Wort sagen konnten, stürzte ihre Familie sich auf sie und verjagte sie. Schnell flogen die beiden Freundinnen zu einer Buche und verkrochen sich in deren Geäst.

Kora krächzte: „Unsere Idee war ein Reinfall. Ich habe es satt, mich mit fremden Federn zu schmücken. Ich kann mich weder richtig bewegen, noch fühle ich mich von den anderen angenommen. Ich will wieder ich selber sein." Damit riss sie sich ihr neues Kleid vom Leib, schüttelte sich und sah wieder aus wie früher.

„Das hätte ich mir denken können, dass du keine richtige Freundin bist!", klagte Kelly. „Du siehst nur das Schlechte.

Hast du die Worte des Unglückshähers schon vergessen? Er hat uns bewundert wie keinen anderen Vogel weit und breit."

„O Kelly, meine Freundin", flüsterte Kora. „Hast du denn gar nicht bemerkt, dass seine Schmeichelei geheuchelt war?"

Doch Kelly wandte sich beleidigt ab und sprach kein Wort mehr mit Kora. Als sie auf das Feld starrte, entdeckte sie den Raben, der dort nach Würmern und Käfern suchte. Kurz entschlossen flog sie zu ihm und sprach ihn an. „Hallo Rax, wir haben uns aber lange nicht gesehen!"

Der Rabe musterte sie. „Lange nicht gesehen, sagst du? Ich würde sagen, wir sind uns noch nie begegnet."

„Aber, Rax, erkennst du mich denn nicht? Ich bin's doch, Kelly!"

Der Rabe schüttelte den Kopf. „Mach keine Witze! Ich kenne Kelly, sie sieht ganz anders aus als du."

„Aber ich bin Kelly!", wiederholte die junge Krähe. „Schau mich doch an, Rax!"

Schweigend lief der Rabe um Kelly herum und betrachtete sie von allen Seiten. Dann erklärte er: „Vielleicht hast du ja den gleichen Namen wie meine Bekannte, doch ansonsten ähnelst du ihr überhaupt nicht. Sie hat ein herrliches schwarzes Federkleid, und wenn sie über das Feld schreitet, gleicht sie einer Königin. Es tut mir leid, dass ich das sagen muss, aber so ein Geschöpf wie dich habe ich noch nie gesehen. Ich stehe nicht auf bunte Vögel, lassen wir es also gut sein."

Ohne eine weitere Antwort abzuwarten, flog der Rabe davon.

Niedergeschlagen verkroch Kelly sich in einem dichten Strauch. Alles war schiefgegangen. Dabei hatte sie sich so gut gefühlt mit ihrem neuen Kleid. Was sollte sie nun tun?

Ach, wäre sie doch nicht so voreilig gewesen! Kora hatte es besser gemacht, sie hatte sich nicht so viele eigene Federn ausgerupft! Ja, Kora hatte es gut, sie konnte einfach alle

fremden Federn ablegen und wieder die werden, die sie war. Kelly konnte das nicht.

„Es ist aus!", jammerte sie. „Alles ist aus!"

Plötzlich zupfte jemand an ihrem Flügel. Kelly drehte sich um und entdeckte eine kleine Meise.

„Wer bist du?", fragte die Meise. „Kann ich dir helfen?"

„Du erkennst mich also auch nicht", seufzte die Krähe. „Ich bin Kelly." Da die Meise schwieg, sprach die Krähe weiter. Nach und nach erzählte sie ihre ganze Geschichte und die Meise hörte geduldig zu.

Als Kelly mit ihrem Bericht fertig war, schlug die Meise vor: „Du kannst bei mir wohnen, bis die Zeit der Mauser kommt. Dann werden sich deine Federn erneuern und du wirst wieder so aussehen wie früher. Ich werde alle meine Freunde bitten, dir in der Zwischenzeit Futter zu bringen."

Kelly bedankte sich. „Du bist die Einzige, mit der ich reden konnte. Die anderen haben mich abgelehnt, verspottet und gemieden, weil sie mich nicht erkannt haben. Und weil ich so anders aussehe als sie. Du hast mir Mut gemacht. Ich danke dir für dein Angebot, aber ich will nun die Folgen meiner Dummheit tragen und damit leben, bis meine Federn wieder nachgewachsen sind. Wenn ich nur ab und an bei dir mein Herz ausschütten darf, dann werde ich es schon schaffen."

Warum haben sich die Krähen so verkleidet?

Was hat Kelly geholfen, als es ihr schlecht ging?

Was haben die Krähen durch dieses Erlebnis gelernt?

Der Tunnel

Cala, die Kröte, sprang aufgeregt umher, bis sie ihren Gatten fand. Dann quakte sie: „Ach Kröpel, da bist du ja! Es ist etwas Furchtbares passiert!"

Sofort hüpfte Kröpel ihr entgegen. „Oak, oak, was ist denn los, mein Braunerle?"

„Ach, es ist so schlimm!", jammerte Cala. „Heute Nacht kam ich während meiner Futtersuche in die Nähe der breiten Straße. Du weißt schon: die Straße, die wir immer überqueren müssen, wenn wir zu unserem Teich hüpfen."

„Was? Bei der Straße warst du?" Kröpel riss entsetzt die Augen auf. „Aber du sollst doch nicht allein zu dieser Straße gehen. Das ist gefährlich! Haben diese Autos etwa wieder eine Schwester oder einen Bruder von uns überfahren?"

„Nein, denn niemand kann mehr auf die Straße hüpfen", seufzte Cala. „Jeder Weg zur Straße ist versperrt. Da ist eine Mauer, oak, oak! Ach Kröpel, wir werden nie mehr zu unserem Teich gelangen können!"

„Aber das kann doch nicht sein!" Kröpel schüttelte sich, als wollte er ein großes Gepäckstück abwerfen. „Es kann doch nicht alles abgesperrt sein. Bestimmt gibt es einen Weg, der auf die andere Seite der Straße führt. Wir brauchen schließlich unseren Teich!"

„Nein, es gibt keinen Weg", wimmerte Cala. „Ich werde nie mehr Kinder bekommen können, nie mehr! Ohne Teich können wir nicht laichen."

Kröpel richtete sich zu seiner vollen Größe auf. „Das muss ich mir sofort ansehen! Komm!"

Gemeinsam hüpften sie zur Straße.

„Da!" Cala deutete auf eine grüne Absperrung, die im

Wind hin und her wabbelte. „Kein Ende dieser komischen Mauer ist in Sicht! Ich werde nie mehr meine Eier am Teich legen können. Nie mehr werde ich Kinder bekommen!"

„Das kann ich einfach nicht glauben", meinte Kröpel. Er nahm Anlauf und versuchte, über die Begrenzung zu springen. Auf halber Höhe prallte er jedoch dagegen, wurde zurückgeschleudert und landete direkt neben Cala. „Das ist eine komische Mauer", quakte er. „Obwohl ich voll dagegengedonnert bin, habe ich mir nicht wehgetan. Ich probiere es noch einmal."

Während Kröpel sich weiter abmühte, tauchte Edda, die alte Erdkröte, neben Cala auf.

„Ihr könnt nicht darüberspringen", erklärte sie. „Diese Sperre haben die Menschen zu unserem Schutz errichtet. Damit wir nicht auf die Straße hüpfen und dort überfahren werden."

Kröpel unterbrach seine Hochsprungversuche. „Eine Sperre zu unserem Schutz?", keuchte er. „Aber was nützt uns das, wenn wir nicht mehr auf die andere Seite gelangen können?"

„Wenn wir nicht zu unserem Teich kommen, können wir nicht laichen", jammerte Cala. „Und wenn wir nicht laichen, bekommen wir keinen Nachwuchs. Und wenn wir keinen Nachwuchs haben, werden wir eines Tages aussterben. Und wenn …"

„Die Menschen haben an alles gedacht", unterbrach Edda ihren Redestrom. „Ihr könnt durch einen Tunnel auf die andere Seite der Straße gelangen."

„Ein Tunnel?" Kröpel schaute die Erdkröte verständnislos an. „Was ist ein Tunnel?"

„Kommt mit, ich zeige es euch."

Beim Tunnel angekommen, warf Cala einen Blick hinein, schüttelte sich und wich zurück. „In dieses dunkle Loch kriegt mich keiner!"

„Das ist kein Loch", erklärte Edda. „Es ist ein Tunnel. Das bedeutet, es gibt auf der anderen Seite der Straße einen Ausgang. Zunächst muss man natürlich in die Finsternis hineinhüpfen, aber …"

„Ich hüpfe auf keinen Fall in die Finsternis hinein!", protestierte Cala. „Auf keinen Fall!"

„Aber, Cala", quakte Kröpel. „Erinnere dich an unsere Erdhöhle, in der wir den Winter verbracht haben. Darin war es doch genauso dunkel!"

„Das war etwas ganz anderes!", widersprach Cala. „Die Erdhöhle haben wir uns selbst ausgewählt. Sie war ein natürliches Gebilde."

„Dieser Tunnel ist die einzige Möglichkeit, zu unserem Teich zu gelangen", sagte die alte Kröte nachdrücklich.

„Und wenn es eine Falle ist?", entgegnete Cala. „Bist du denn schon einmal hindurchgehüpft?"

Edda schüttelte den Kopf. „Durch diesen Tunnel nicht, aber …"

Cala unterbrach sie erneut. „Wenn du nicht hineinhüpfst und gesund wieder zurückkommst, glaube ich dir nicht!"

„Das ist Unsinn", erwiderte die Erdkröte. „Wenn ich durch den Tunnel gehüpft bin, werde ich nicht wieder zurückkommen. Immerhin will auch ich mein Ziel erreichen."

Während die Kröten diskutierten, wurde es Tag. Schließlich gähnte die alte Kröte: „Macht, was ihr wollt. Ich suche mir jetzt ein schattiges Schlafplätzchen."

Auch Kröpel und Cala beschlossen, erst einmal zur Ruhe zu gehen.

Von da an sprangen Kröpel und Cala jeden Morgen zum Eingang des Tunnels. Cala konnte sich jedoch nicht entschließen, in die Finsternis hineinzuhüpfen.

Immer mehr Kröten und Frösche machten sich auf den

Weg zu den Laichgewässern. Cala beobachtete, wie einer nach dem anderen im Tunnel verschwand.

„Wieso haben die gar keine Angst?", quakte sie.

Das hörte ein Laubfrosch. „Wir haben auch Angst", antwortete er. „Aber es gibt keinen anderen Weg. Jeder von uns muss da durch."

Bevor Cala weiterfragen konnte, verschwand er mit seiner Gefährtin im Tunnel.

„Komm, wir wollen uns auch endlich auf die Reise begeben", drängte Kröpel. „Ich hüpfe mit dir, ich lasse dich nicht allein!"

Nach langem Zögern wagte Cala schließlich an Kröpels Seite den Sprung in die Dunkelheit. Je weiter sie hüpften, umso schneller schlug ihr Herz. Es wurde immer finsterer und über ihren Köpfen dröhnte und donnerte es.

„Das sind die Autos", erklärte Kröpel, aber Cala hörte nicht zu.

Die Angst lähmte ihre Glieder und verhinderte jeden klaren Gedanken. Sie duckte sich und wimmerte: „Ich mache keinen Hüpfer mehr! Es ist vorbei, alles ist vorbei. Es wird nie mehr hell werden in meinem Leben."

„Aber hier kannst du nicht bleiben!", protestierte Kröpel. „Auch ich habe Angst. Diese Dunkelheit! Diese Einöde, ohne Wasser und Gras! Dieser Krach! Es braust und wummert, als würde im nächsten Moment alles um uns herum zusammenstürzen. Trotzdem müssen wir weiter. Nur so werden wir das Ende des Tunnels erreichen."

Cala antwortete nicht. Sie bewegte sich nicht mehr, sondern starrte nur noch in die Dunkelheit.

„Komm schon, Cala!", drängte Kröpel. „Wenn du hierbleibst, wirst du sterben. Dieser Tunnel hat ein Ende! Glaub mir! Du musst weiterhüpfen, um es zu erreichen!"

Doch Cala reagierte nicht mehr.

Kröpel überlegte, was er tun sollte, bis ihm schließlich etwas einfiel. Er schob sich rückwärts ganz nah an Cala heran, packte ihre Vorderbeine, zog sie über seinen Rücken und zerrte so lange, bis er sich sein Weibchen auf den Rücken gepackt hatte. Mit dieser Last kam er allerdings nur sehr langsam voran und wurde von etlichen Kröten und Fröschen überholt.

Endlich entdeckte er in der Ferne einen Lichtschimmer. „Schau, Cala", schnaufte er erleichtert, „dort hinten ist das Ende des Tunnels!"

Ein Moorfrosch, der auf dem Rücken seiner Gefährtin hockte, überholte ihn und spottete: „Schaut euch das an! Diese fette Kröte lässt sich doch tatsächlich von ihrem Mann tragen!"

Seine Frau lachte: „Das ist gegen die Natur. Schaut uns an, ihr dummen Kröten, und seht, wie es richtig ist! Das Weibchen trägt das Männchen – so war es immer, so soll es sein."

„Spart euch eure schlauen Sprüche", quakte Kröpel.

„Ausnahmen bestätigen die Regel, und was sein muss, muss sein."

Da sprang Cala mit einem riesigen Satz vom Rücken ihres Gefährten herunter, eilte dem Licht entgegen und jubelte: „Danke, danke, danke! Jeder Tunnel hat ein Ende, das weiß ich jetzt!"

*Hast du auch schon einmal einen
Krötentunnel gesehen?*

*Warum errichten die Menschen
Krötenzäune und Krötentunnel?*

Warum wollte Cala nicht durch den Tunnel hüpfen?

Was hat Cala geholfen, als sie im Tunnel hockte?

*Hast du auch schon einmal etwas erlebt,
das wie so ein finsterer Tunnel war?*

Das Plingding

„Au!" Maxe Maulwurf fasste sich an die schmerzende Nase und schimpfte: „Jetzt bin ich schon zum dritten Mal an dieses Ding gestoßen! Immer und immer wieder versperrt es mir den Weg!" Wütend trat und boxte er auf das Hindernis ein.

„Pling, pling, pling! Pling, pling, pling", machte das unbekannte Etwas. Es wackelte ein bisschen, aber es bewegte sich keinen Millimeter von der Stelle. Deshalb drehte Maxe sich um und krabbelte zurück.

Als er aus seinem neu gegrabenen Gang herausstieg, begegnete er Henri, dem Hamster, und Wanda, der Waldmaus.

„Was ist los, Maxe?", fragte Henri. „Was rumpelt und pumpelt da unter der Erde herum? Ich dachte schon, es käme ein Gewitter. Sortierst du dort etwa deine Wackersteine?"

„Schön wär's", brummte der Maulwurf. „Mit Steinen kenne ich mich aus. Aber da unten ist ein merkwürdiges Ding, das mir meinen Buddelweg versperrt. Es ist kalt und hart. Und wenn man dagegenstößt, gibt es diesen komischen Ton von sich, der meine Barthaare erzittern lässt, oder was."

„Ja, dieser Ton hat mich aus dem Schlaf gerissen." Wanda kratzte sich am Ohr. „Vielleicht ist es eine Glocke? Meine Freundin Camilla, die Kirchtaube, hat mir von den Glocken erzählt."

Maxe schüttelte sich. Normalerweise unterhielt er sich nicht mit Mäusen oder Hamstern. Am liebsten redete er mit niemandem, denn das hielt ihn nur von seiner Jagd nach Insekten und Würmern ab. Aber heute war das etwas anderes.

„Dieses Ding liegt mitten in meinem neuen Gängesystem. Mittendrin, versteht ihr? Ich finde einfach keinen Weg, der

daran vorbeiführt: Rechts davon sind die Wurzeln des großen Baumes, links davon befindet sich ein fetter Stein. Untendrunter kann ich auch nicht durchbuddeln, sonst lande ich einen Stock tiefer in meiner Wurmfalle, oder was."

„Und wie kommt dieser Ton zustande?", fragte Wanda.

Maxe fasste sich an die Nase. „Schon drei Mal habe ich mich an diesem Ding gestoßen. Ich habe es geboxt und getreten. Es macht immer *pling, pling.* Aber es geht nicht weg."

Wanda deutete auf den Eingang zum Maulwurfshügel. „Soll ich mir dieses Plingding mal ansehen?"

Maxe kratzte sich am Kopf. „Hm. Vielleicht könntest du es wegnagen, oder was."

Wanda schlug sich an die Brust. „Wenn es jemand benagen kann, dann ich. Ich bin die beste Nagerin aus unserer Familie."

„Na, na, na", brummte Henri. „Ich kann auch gut nagen."

„Ich weiß", antwortete Wanda. „Aber du gehörst nicht zu meiner Familie."

„Hm. Es käme auf einen Versuch an." Der Maulwurf strich sich über den Bauch, in dem es hörbar knurrte. „Aber wenn ihr meine Würmer, Käfer, Maden oder was anrührt, fliegt ihr raus!"

„Keine Sorge", fiepte Wanda. „Ich bevorzuge vegetarische Nahrung. Und nun los! Zeig uns den Weg. Ich bin schon ganz neugierig!"

„Mir nach!", rief Maxe und tauchte in seinen Maulwurfshügel ein. Wanda und Henri folgten ihm. Immer wenn sie an einer Abzweigung vorbeikamen, wandte sich Maxe zu seinen Gästen um und warnte: „Nicht hier abbiegen, sonst verlauft ihr euch womöglich noch. Und dann muss ich euch suchen, oder was."

Wanda kicherte: „Ich weiß schon, was dir Sorgen macht!"

„Mach dich nicht lustig über mich", brummte Maxe, der vor Hunger schon Bauchweh hatte. „Meine Mutter hat mich von klein auf gewarnt: ‚Hüte dich vor mausenden Mäusen und hamsternden Hamstern. Sie können nie genug kriegen, oder was.'"

„Diese Zeiten sind bei mir vorbei", entgegnete Henri. „Früher habe ich nur ans Hamstern gedacht. Aber jetzt weiß ich, wie wichtig es ist, Freunde zu haben."

„Das kann ich bezeugen", piepste Wanda. „Henri ist der beste Freund, den man sich wünschen kann. Und er würde nie einem seiner Freunde etwas wegnehmen."

„Hör auf zu schmeicheln, Wanda", sagte Henri. „Sonst wird Maxe noch eifersüchtig und schnappt mir meine beste Freundin weg."

„So ein Unsinn, oder was", grummelte der Hamster. „Ich bevorzuge Ruhe in meinem Bau. Wenn hier ständig eine Maus herumfiept, spüre ich die Insekten und Würmer nicht mehr. Und wenn ich die Insekten und Würmer nicht spüre, kann ich sie nicht fressen. Und wenn ich sie nicht fresse, nagt der Hunger in meinem Bauch, als hätte ich einen kleinen Nager verschluckt. Und kleine Nager fresse ich nur, wenn …"

Wanda blieb stehen und hielt sich die Ohren zu. „Hör auf! Sonst verschwinde ich auf der Stelle! Dann kannst du sehen, wie du mit diesem Ding fertig wirst!"

„Aupss!", schnappte Maxe und verschluckte eine Ladung Luft. „Da habe ich wohl etwas Dummes gesagt, oder was?"

„Etwas sehr Dummes!", schimpfte Henri. „Damit vertreibst du jede Maus. Wanda ist meine beste Freundin. Und wenn Wanda geht, gehe ich auch."

Maxe seufzte. „Tut mir leid. Ich verspreche, dass ich so etwas nie mehr zu Wanda sage."

Eine Weile krabbelten sie schweigend weiter. Endlich blieb Maxe stehen. „Hier ist es."

Wanda und Henri fingen an, das Hindernis zu untersuchen. Unterdessen fraß Maxe schnell einen fetten Wurm. Schließlich erklärte Wanda: „Das lässt sich nicht benagen."

„Es ist hart wie Stein", bestätigte Henri.

Kurz darauf ertönte ein *Pling, pling, pling*.

„Wenn man draufhaut, macht es *pling*", brummte Henri.

„Das ist nichts Neues", schmatzte Maxe. „Es macht immer *pling*, wenn man dagegenstößt."

„Was sollen wir nun tun?", fragte Wanda. „Sollen wir es ausgraben?"

Maxe überlegte laut: „Ich weiß nicht, wie groß dieses Ding ist. Wenn ich diesen Gang hier noch um einiges vergrößern muss, damit wir es hier rausschaffen können, komme ich überhaupt nicht mehr zum Fressen, oder was."

Henri schüttelte den Kopf. „Wir werden es natürlich nicht durch diesen langen Gang rausschleppen! Wir müssen es von oben her ausbuddeln."

„Gute Idee, Henri!" Wanda klatschte in die Pfötchen. „Dann hole ich alle meine Geschwister. Sie werden uns sicher gern dabei helfen."

„Hm, schön, dass ihr mir helfen wollt", freute sich Maxe. „Aber zuvor muss ich unbedingt noch etwas fressen."

„Stärke dich, Maxe", sagte Henri. „Du musst sowieso hier unten bleiben und ab und an auf dieses Ding einschlagen. Damit wir von oben hören können, wo es sich befindet."

„Wieder eine gute Idee, Henri!" Wanda klatschte erneut in die Pfötchen. „Du bist der schlauste Hamster, den ich kenne! Ich bin so stolz, dass ich deine Freundin sein darf!"

„Nun mach mal halbgroß, Wanda", brummte Henri.

„Schließlich hast du mir das Leben gerettet."[1]

Während die beiden Freunde sich weiter unterhielten, fraß Maxe drei Maden, einen Engerling und einen Käfer.

„Langsam kriege ich auch Hunger." Henri strich sich über den Bauch. „Komm, Wanda. Wir gehen nach oben und stärken uns auf dem Feld. Danach fangen wir an zu graben."

„Aber vergesst nicht dieses Ding, oder was!", mahnte Maxe.

„Keine Sorge", lachte Wanda. „Ich bin viel zu neugierig darauf. Das riecht nach Spannung und Sensation!"

„Hm." Maxe schnüffelte. „Für mich riecht es nur nach Unruhe, Arbeit und Hungersnot."

Nachdem die Maus und der Hamster verschwunden waren, ging der Maulwurf erst einmal auf Würmerjagd. Sein Magen knurrte inzwischen lauter, als das Ding *pling* machte. Er hetzte durch seine Gänge, fraß mal hier und mal da. Zwischendurch kehrte er immer wieder zu dem Hindernis zurück, um es zu boxen und zu treten.

Schließlich war er ganz geschafft von dem vielen Herumgeflitze. Er beschloss, erst einmal aufzutauchen und über der Erde nach dem Rechten zu sehen.

Als er oben ankam, traute er seiner Nase kaum: In der Nähe der großen Eiche gruben unzählige Tiere in der Erde. Neben Henri und Wanda waren da fünf Kaninchen, drei Feldhasen, acht Mäuse, zwei Eichhörnchen und Seppo Stachelspitz, der Igel. Sogar die Wildschweine Wally und Knollo waren gekommen.

Die Amsel Amadeus saß oben auf der großen Eiche. Von da aus hatte sie die beste Übersicht und konnte den anderen Tieren Tipps geben.

1 Diese Geschichte findest du in dem Buch: „Mach mal Pause, Hamster Henri!", Klipphahn, Anneli, SCM R. Brockhaus;
ISBN: 978-3-417-28688-5

Auf den untersten Ästen der Eiche sprang die Elster Esmeralda hin und her und jubelte: „Es glitzert! Es glänzt! Ein Schatz! Hurra, ein Schatz! Ich liebe Schätze!"

„Genug gescharrt!", zwitscherte Amadeus. „Es ist eine Kiste. Und diese Kiste liegt jetzt frei."

Die Hasen, Kaninchen, Mäuse, Eichhörnchen und der Hamster starrten in das große Loch, das sie alle gemeinsam gebuddelt hatten.

„Die Kiste wird jetzt gehoben", verkündete Wally, die an einem Ende der Kiste stand.

„Alles klar", antwortete Wildschwein Knollo vom anderen Ende der Kiste her.

Wally senkte ihren Rüssel in die Erde. Knollo tat es ihr nach.

„Jetzt!", befahl Wally.

Mit einem Ruck beförderten die Wildschweine die Kiste ans Tageslicht.

„Pling, pling, pling", machte es in der Kiste.

„Sie ist ganz und gar aus Metall", stellte Henri fest. „Deshalb konnten wir sie nicht aufnagen."

Esmeralda schlug aufgeregt mit den Flügeln. „Heute ist mein Glückstag! Dieses Plingpling-Glitzerding ist der schönste und größte Schatz, den ich je gesehen habe!"

„Halt den Schnabel, diebische Elster", grunzte Knollo. „Diese Kiste gehört denen, die sie aus der Erde gehoben haben."

Da flitzte Maxe Maulwurf zu den anderen und rief: „Was redest du da? Ich habe dieses Ding gefunden, ich! Es war in meinem Gang! Also gehört es mir!"

Das Eichhörnchen Emma hopste auf die Kiste. „Wir Eichhörnchen haben alle übrigen Tiere herangeholt. Ohne uns läge die Kiste immer noch unten in der Erde."

Esmeralda plusterte sich auf. „Ihr habt nicht *alle* geholt.

Ich habe die Wildschweine informiert! Die Kiste gehört den Wildschweinen und mir!"

„Aber wir haben am schnellsten gebuddelt", riefen die Kaninchen wie aus einem Mund.

Die Hasen nickten. „Wir auch! Die Wildschweine kamen erst später dazu."

Eine Maus piepste: „Wir haben die hinderlichen Wurzeln durchgenagt."

„Oh, oh, ich bekomme gleich Kopfweh", sagte Wanda. „Wenn ihr jetzt alle anfangt zu streiten, verschwinde ich lieber!"

„Warte!" Henri legte ihr seine Pfote auf die Schulter. Dann pfiff er so laut, dass alle verstummten und ihn erschrocken anschauten.

Nun erhob er seine Stimme und sprach: „Ich danke euch allen, dass ihr gekommen seid. Ihr alle habt geholfen, diese Kiste aus der Erde zu holen. Wir haben sie heraufgeholt, um unserem Freund, dem Maulwurf, zu helfen. Das hat mir wieder gezeigt, dass auf euch Verlass ist."

„Ist doch klar", grunzte Wally. „Wir Wildschweine wissen schon längst, dass man allein nicht weit kommt. Die Rotte ist das A und O. Ohne Rotte geht gar nichts."

„Danke, Wally!" Henri nickte dem Wildschwein zu und fuhr fort: „Früher war ich ein dummer, selbstsüchtiger Hamster. Ich habe immer nur gehamstert und an mich gedacht. Aber dann wurde ich krank. Ohne meine Freunde wäre ich gestorben."

„Schon gut, Henri", wisperte Wanda verlegen. „Du musst das nicht immer wieder sagen."

Henri strich Wanda über den Kopf. „Ich kann es nicht oft genug sagen: Freunde sind wichtig. Ich weiß, wovon ich rede. Deshalb wünsche ich mir, dass wir alle Freunde werden."

„Gut gesprochen", lobte Wally. „Besser gemeinsam als einsam!"

Heinri deutete auf die Kiste. „So lasst uns unser gemeinsames Fundstück nun gemeinsam öffnen. Lasst uns sehen, was darin ist. Und dann lasst uns gemeinsam entscheiden, was damit geschehen soll!"

„Sind alle mit dem Vorschlag des Hamsters einverstanden?", fragte Wally.

Die Tiere schauten das große Wildschwein ehrfürchtig an und nickten.

„Ich glaube, das gab es noch nie", pieste Wanda. „Wildschweine, die mit Mäusen befreundet sind."

„Ich bin auch einverstanden, aber nun macht die Kiste schnell auf", drängte Maxe. „Ich habe schon wieder Hunger. Und ich muss noch meinen Gang weitergraben, oder was."

So kam es, dass der Maulwurf Maxe zusammen mit zwei Wildschweinen, fünf Kaninchen, drei Feldhasen, einem Hamster, neun Mäusen, zwei Eichhörnchen, einem Igel, einer Amsel und einer Elster eine Kiste öffnete.

Als der Deckel aufsprang, schnüffelte er kurz und stellte enttäuscht fest: „Keine Würmer. Keine Maden. Keine Käfer oder Spinnen oder was. Nichts, was man fressen kann."

„Ja, weil das eine Schatzkiste ist." Die Elster landete auf dem Rand der offenen Kiste. „Seht euch die Münzen an! Jetzt wissen wir, was in der Kiste so lieblich *pling, pling* gemacht hat. So ein paar klitzekleine Funkeldinger werde ich mir wohl nehmen dürfen!"

„Schnabel weg!" Die Eichhörnchen scheuchten die Elster zurück auf den Baum. „Du hast doch gehört, was wir beschlossen haben."

Wildschwein Wally grunzte: „Es ist schon spät, ich muss bald zurück zu meiner Rotte. Deshalb schlage ich vor, dass wir die Kiste mit ihrem Inhalt erst einmal stehen lassen. Morgen können wir uns wieder hier versammeln und entscheiden, was damit geschehen soll."

„Ihr könnt die Kiste hier unter dem Baum lassen", meinte Eichhörnchen Knuspi. „Wir werden darauf aufpassen. Eichhörnchen sind ohnehin keine Münzenfresser, ihr könnt uns also vertrauen."

„Wir passen auch mit auf", sagte das Kaninchen Kasimir. „Unser Bau befindet sich ganz in der Nähe, daher kommen wir öfter hier vorbei. Und Geldstücke schmecken uns auch nicht."

„Gut, dann treffen wir uns morgen kurz vor Sonnenuntergang wieder hier", schlug Henri vor. „Das ist sowohl für die tagaktiven als auch für die nachtaktiven Tiere ein guter Zeitpunkt. Aber jetzt muss ich erst einmal fressen und hamstern und ein wenig schlafen."

„Ausgezeichnete Idee!" Maxe nickte heftig. „Mein Magen macht einen Spektakel, als hätte ich schon jahrelang nichts mehr zu beißen bekommen. Vielen Dank euch allen, dass ihr dieses Ding herausgeholt habt! Jetzt müsste mir nur noch jemand helfen, das große Loch wieder mit Erde zu füllen."

Wanda kicherte. „Sonst wird das Loch für uns Mäuse zu einer Rutsche, die genau in den Maulwurfsgang führt."

Maxe hob entsetzt die Pfoten. „Bloß nicht! So viele Mäuse in meinem Bau verkrafte ich nicht!"

„Wir helfen alle!", entschied Wally. „Gemeinsam schaffen

wir es ruckizucki. Danach geht jeder seiner Wege. Und morgen treffen wir uns wieder bei der alten Eiche."

Während die anderen das große Loch zuschaufelten, sang Amadeus ein Loblied:

„Danke, Gott, wir danken dir.
Du hast uns zu Freunden gemacht.
Danke, Gott, wir danken dir.
Du hast uns Kraft für diese schwere Aufgabe geschenkt.
Gemeinsam haben wir gute Arbeit geleistet.
Danke, Gott, wir danken dir.
Niemandem ist etwas passiert, uns allen geht es gut.
Täglich sorgst du für uns, Gott, du unser Schöpfer.
Danke, Gott, wir danken dir.
Der größte Schatz ist deine Liebe, oh Gott.
Ein Schatz ist es auch, dass wir alle Freunde sind.
Danke, Gott, wir danken dir.

Endlich war die Arbeit getan. „Danke euch allen", sagte Maxe erneut, bevor er wieder unter der Erde verschwand. Soweit er sich erinnern konnte, hatte er sich heute zum ersten Mal bei anderen Tieren bedankt. Und wenn ihm früher jemand vorhergesagt hätte, dass er eines Tages einer Amsel für ihr Lied danken würde, hätte er das niemals geglaubt.

Nun ja, das Leben hielt eben immer wieder Überraschungen für ihn bereit. Oder war es Gott, der diese Überraschungen bereithielt?

Maxe wusste es nicht genau. Vielleicht sollte er Amadeus einmal fragen, was ihn so sicher machte, dass Gott da war.

Ja, eines Tages würde er ihn danach fragen, denn Amadeus war ja jetzt sein Freund. Und mit Freunden konnte man alles besprechen – wirklich alles!

Aber zunächst braucht er Ruhe, Ruhe und nochmals Ruhe. Und vor allem brauchte er erst einmal etwas zu fressen.

Beinahe hätten sich die Tiere um die Kiste gestritten. Wodurch konnte der Streit verhindert werden?

Was hat Maxe Maulwurf durch die Begegnung mit Wanda und Henri gelernt?

Die Schatzkiste

Hamster Henri streckte sich. „Ach, wie habe ich gut geschlafen! Jetzt werde ich ein paar Körner fressen. Und dann wird gehamstert." Er stand auf und krabbelte aus seinem Bau heraus. Oben angekommen, stieß er fast mit Wanda, der Waldmaus, zusammen.

„Wo bleibst du nur, du alter Schnarchpelz?", piepste Wanda. „Die anderen warten schon alle auf dich!"

Henri kratzte sich am Kopf. „Welche anderen?"

Kaum hatte Wanda das Mäulchen geöffnet, um ihm zu antworten, fiel es Henri wieder ein. „Ach, stimmt ja!", rief er. „Wir wollten uns ja heute unter der alten Eiche treffen."

„Bei unserer Schatzkiste", ergänzte Wanda. „Nun komm schon! Die Eichhörnchen sind den ganzen Tag über herumgehopst und wollen sich nun in ihren Kobel zurückziehen, um zu schlafen. Und die Wildschweine müssen mit ihrer Rotte auf Futtersuche gehen. Und der Igel Seppo Stachelspitz …"

Während Wanda weiter ein Tier nach dem anderen aufzählte, eilte Henri mit ihr zum vereinbarten Treffpunkt. „Komisch. Sehr komisch", brummte er, als sie endlich eine Pause machte, um Luft zu holen.

„Was?", keuchte Wanda.

„Was ich hier mache, ist komisch", erklärte Henri. „Feldhamster sind Einzelgänger. Ich habe am liebsten meine Ruhe. Genauso wie der Maulwurf."

„Ach was!" Wanda winkte ab. „Wenn unsere Versammlung vorbei ist, kannst du noch genug einzeln gehen. Lass dir ja nicht einfallen, jetzt zu verschwinden. Wir brauchen dich, mein Freund!"

Henri schnappte sich schnell ein paar Körner und schob sie in seine Backentaschen. „Schon gut", nuschelte er. „Isch weisch schon, wie wischtisch Freunde schind."

Unter der alten Eiche trafen sie die beiden Wildschweine Wally und Knollo, die fünf Kaninchen, die drei Feldhasen, acht Mäuse, zwei Eichhörnchen, den Igel Seppo Stachelspitz und den Maulwurf Maxe.

Auch die Amsel Amadeus war da. Sie saß in den Zweigen der großen Eiche und sang schon wieder ein Loblied für Gott.

„Diese Warterei hat mir gerade noch gefehlt", schimpfte Seppo Stachelspitz.

Maxe Maulwurf murrte: „Ich habe schon wieder Hunger. Überhaupt weiß ich gar nicht, was ich hier soll, oder was. Ihr könnt mit der Kiste machen, was ihr wollt. Diese harten Dinger da drin interessierten mich sowieso nicht."

„Tschuldigung", murmelte Henri und schluckte den Rest seiner Körner hinunter. „Ich bin froh, dass du da bist, Maxe. Die Münzen in der Kiste gehören uns allen. Deshalb müssen wir gemeinsam entscheiden, was damit geschehen soll."

Maxe winkte ab. „Schon gut. Wenn ich nur nicht solchen Hunger hätte!"

„Jetzt fehlt nur noch die Elster Esmeralda", grunzte Wally, das Wildschwein. „Dann sind wir vollzählig."

Emma, das Eichhörnchen, ließ eine Eichel vom Baum herunterfallen. „Esmeralda ist hier herumgeflattert, als die Sonne am höchsten stand. Wir haben sie mehrmals vertrieben."

Das Eichhörnchen Knuspi nickte heftig und warf ebenfalls eine Eichel herunter. „Ja, das haben wir."

„Danke für die Eicheln", schmatzte Wildschwein Knollo. „Ihr könnt ruhig noch mehr runterwerfen. Sie schmecken köstlich."

Wally knuffte Knollo in die Seite. „Jetzt wird nicht gefressen! Jetzt wird geplant!"

Maxe verspeiste schnell eine Spinne und nieste. „Wenn ich nicht bald wieder unter die Erde komme, hole ich mir einen Schnupfen oder verhungere hier oben, oder was."

Da schob Knollo dem Maulwurf einen Käfer vor die Nase. „Lass dir's schmecken, kleiner Graupelz."

„Danke, du Riesenwühler!" Maxe verschlang den Käfer mit einem Happs. „Wenn ich solche Massen wie du umwühlen könnte, müsste ich wohl nie mehr Hunger leiden, oder was."

„Wenn du das könntest, wärst du größer", gab Knollo zu bedenken. „Und dann wäre auch dein Hunger größer, und du müsstest noch mehr fressen, um satt zu werden."

„Noch mehr?" Maxe schüttelte sich. „Oh, wie schrecklich. Nein, dann bleibe ich lieber so, wie ich bin."

„Wir fangen jetzt ohne die Elster an!", bestimmte Wally und stieß mit ihrer Schnauze den Deckel der Kiste auf.

Alle Tiere schauten hinein und erschraken.

Knuspi fand als Erster seine Sprache wieder: „Aber … aber … die … die Kiste ist ja leer!"

„Oh!" Emma hielt sich das Pfötchen vors Mäulchen.

„Das hat mir gerade noch gefehlt", grummelte Seppo Stachelspitz. „Da komme ich extra hierher und nun ist die Kiste leer."

Knuspi stotterte: „Aber wir … wir haben … wir haben doch aufgepasst. Meistens jedenfalls – wir haben nur manchmal zwischendurch etwas gefressen …"

„Die Elster!", fiepste eine Maus. „Das kann nur Esmeralda, die Elster, gewesen sein."

Henri nickte. „Sie wollte gestern schon diese Münzen haben. Und wie ich sehe, ist sie auch nicht zu unserer Versammlung gekommen."

Der Igel schnüffelte. „Eine diebische Elster hat mir gerade noch gefehlt."

„Ist doch egal", sagte Maxe. „Soll sie glücklich werden mit diesen Plingdingern. Fressen kann man diese Münzen eh nicht, oder was."

Wanda schüttelte den Kopf. „Mir ist das nicht egal. Esmeralda hat uns bestohlen. Das ist gemein von ihr. So etwas tun Freunde nicht."

„Obwohl alles darauf hindeutet, wissen wir nicht sicher, ob es die Elster war", grunzte Wally. „Sicher ist nur, dass die Kiste leer ist."

„Immerhin ist die Schatzkiste noch da", meinte Henri. „Das ist doch schon etwas."

Wally nickte. „Gut gesprochen, Hamster. Deshalb lasst uns nun überlegen, was wir mit der Kiste machen wollen."

„Wir können neue Schätze hamstern und hineinlegen", schlug Henri vor.

„Hab ich einen Hunger!" Maxe fuhr sich über den Bauch. „Ähm … was ich sagen wollte … Ich brauche keine Schätze. Ich bin einfach nur froh, dass ihr mir dieses Ding aus dem Weg geschafft habt."

Henri blickte den Maulwurf an. „Das kann ich verstehen. Schließlich wohne ich auch unter der Erde. Ich habe bei dieser Aktion wieder gemerkt, wie gut es ist, Freunde zu haben."

Ein Kaninchen sprang in die Luft. „Das war voll cool! Wie wir alle zusammengearbeitet haben!"

Die Hasen nickten, dass ihre Löffel wippten. „Ich hätte nie gedacht, dass ich einmal der Freund von Wildschweinen, Mäusen, Eichhörnchen, einem Igel, einem Hamster, einer Amsel und einem Maulwurf werden könnte!" Während er sprach, deutete der Hase Hugo mit seiner Pfote der Reihe nach auf alle Anwesenden.

„Dann ist das unsere Freundschaftskiste", piepste eine kleine Maus. „Denn mit der Kiste hat alles angefangen."

„Hm", brummte Maxe Maulwurf. „Am Anfang war es nur ein lästiges Plingding, oder was."

„Eine Freundschaftskiste ist toll!" Der Hase Hoppsi hopste um die Kiste herum. „Wir könnten Dinge hineintun, die uns an unsere Freundschaft erinnern."

„Und an das, was wir als Freunde miteinander erlebt haben", ergänzte der Hase Hugo. „Denn unsere Freundschaft ist ein Schatz."

Amadeus flatterte zu der Kiste und ließ eine Feder hineinfallen. „Vergesst nicht, Gott zu danken! Es ist ein Schatz, dass Gott für uns sorgt."

„Okay!" Emma warf eine Eichel in die offene Kiste. „Das ist mein Beitrag. Diese Frucht soll uns daran erinnern, dass wir die Kiste zur Zeit der Eichelreife ausgebuddelt haben."

Knuspi warf ebenfalls eine Eichel in die Kiste. „Und diese Frucht soll uns immer ins Gedächtnis rufen, dass sich Knollo bei uns für die Eicheln bedankt hat. Es ist nämlich noch nie vorgekommen, dass ein Wildschwein sich bei einem Eichhörnchen bedankt hat."

„Gern geschehen", grunzte Knollo. Er senkte seinen Rüssel, wühlte ein wenig im Boden herum und schleuderte einen Klumpen Erde in die Kiste. „Dieser Batzen erinnert mich daran, dass unsere Leitbache ausgerechnet mich mit auf diese Schatzkistensuche genommen hat. Das ist eine Auszeichnung für mich!"

Er räusperte sich und blickte sich um. „Natürlich freue ich mich auch, euch alle näher kennengelernt zu haben."

„Ich habe dich mitgenommen, weil du der beste Wühler unserer Rotte bist", erklärte Wally. „Und die Idee mit der Freundschafts-Schatzkiste finde ich gut. Aber bevor wir die Kiste weiter füllen, sollten wir überlegen, wo wir sie aufbewahren wollen."

Maxe Maulwurf eilte zu der Stelle, die Knollo umgepflügt hatte, und verspeiste schnell einen Regenwurm. Dann hob er den Kopf und erklärte: „Also, in meinen Bau kommt die Kiste nicht, das ist schon mal klar, oder was."

Auch der Igel Seppo Stachelspitz und der Hamster Henri fanden in der aufgewühlten Erde ein paar Leckerbissen.

Emma warf Knollo noch eine Eichel vor die Nase. „Unser Kobel ist viel zu klein für so eine Kiste."

Knuspi kicherte. „Ich stelle mir gerade vor, wie eng es erst werden würde, wenn die beiden Wildschweine in unseren Kobel kämen, um nach der Kiste zu sehen."

„Was erzählst du da für einen Quatsch mit Soße", schmatzte Seppo Stachelspitz. „Eine Kiste im Kobel hat mir gerade noch gefehlt."

Während Knollo für die Würmerfresser noch ein Stück Boden umgrub, meinte Wally: „Ich habe eine bessere Idee. In der Nähe unseres Kessels gibt es eine Höhle."

„Was kocht ihr denn in eurem Kessel?", fragte eine kleine Maus.

Wally und Knollo lachten. „Der Kessel ist unsere Wohnung", erläuterte Wally. „Dort werden unsere Babys geboren."

Mutter Maus gab ihrer kleinen Tochter einen Klaps. „Ach, mein Mäusemiepchen, du musst noch viel lernen. Der Kessel der Wildschweine sieht aus wie ein großes Vogelnest."

„Ein Nest?" Die kleine Maus riss die Äuglein auf. „Aber die Wildschweine haben doch gar keine Flügel."

Der Igel hob seine Nase und schnüffelte. „Ein fliegendes Wildschwein hat mir gerade noch gefehlt."

Ungeduldig scharrte Wally mit dem linken Vorderbein. „Lasst uns nun zu unserem Thema zurückkehren. Was haltet ihr von meinem Vorschlag, die Freundschafts-Schatzkiste in diese Höhle zu bringen?"

Knollo unterbrach seine Wühlerei und hob den Kopf. „Super Empfehlung. Im Schatten unserer Rotte ist die Kiste sicher."

Maxe Mauwurf verschlang schnell einen weiteren Wurm.

„Gibt es in der Höhle auch so saftige Leckerbissen wie hier? Wenn ich schon aus der Tiefe hervorkrabble und eine Kiste in irgendeiner Kesselhöhle suche, muss wenigstens die Verpflegung gesichert sein, oder was."

Knollo schob dem Maulwurf einen Mistkäfer vor die Nase.

„Aber klar doch! Wenn Knollo dein Freund ist, wirst du an jedem Ort frisches Futter im aufgewühlten Boden finden!"

„Frisches Futter ist gut", schmatzte Maxe. „Und wenn du mal jemanden brauchst, der klein ist und noch tiefer als tief in die Erde buddelt, kannst du mich rufen."

„Mach ich", grunzte Knollo und schenkte Maxe einen Engerling.

„Wir sind froh, wenn wir nicht auf die Kiste aufpassen müssen", sagte ein Kaninchen. „Wir haben genug mit uns und unserer großen Familie zu tun."

„Dann lasst uns jetzt beschließen, dass die Schatzkiste in die Höhle kommt", schlug Henri vor.

Knuspi gähnte. „O ja. Ich bin schon so müde, als hätte ich eine Woche lang kein Auge zugemacht!"

So beschlossen die anwesenden Tiere einstimmig, die Freunschafts-Schatzkiste in der Höhle zu verwahren.

„Zwei Sachen müssen wir noch klären", sagte Wally. „Erstens schlage ich vor, dass die Kiste nicht nur heute, sondern auch in Zukunft weiter von uns befüllt wird."

Wanda hob das Pfötchen, als wollte sie sich melden. „Das ist gut! Immer, wenn wir etwas Schönes mit einem unserer Freunde erleben, wollen wir ein Erinnerungsstück in die Kiste legen."

„Sind alle einverstanden?", fragte Henri.

Die Tiere nickten.

„Die zweite Sache ist der Zeitpunkt unseres Wiedersehens", grunzte Wally.

„Wally hat recht", bekräftigte Knollo. „Wir sollten ein Wiedersehensfest an der Freundschafts-Schatzkiste feiern."

Willibald Waldmaus, der bisher noch gar nichts gesagt hatte, schlug vor: „Wir wollen uns wieder treffen, wenn der Winter gekommen ist. Beim ersten Schnee wird uns die Nähe unserer Freunde wärmen."

„Das hat mir gerade noch gefehlt", protestierte der Igel Seppo Stachelspitz. „Im Winter wird geschlafen, und damit basta!"

Henri nickte. „Das ist wahr. Wir sollten uns erst wieder versammeln, wenn der Winter vorbei ist."

Wanda sprang an die Seite des Hamsters. „Macht es doch nicht so kompliziert! Wir Mäuse sind eine große Familie. Wir kommen überall herum. Wenn einer von euch eine Versammlung einberufen will, sagt er einfach einer Maus Bescheid. Und wir tragen die Nachricht dann weiter."

„Gute Idee", lobte Henri. „Außerdem seid ihr so klein, dass ihr mühelos in jeden Bau schlüpfen könnt."

Seppo Stachelspitz zog die Stirn in Falten. „Aber während des Winterschlafs gibt es kein Gefiepse und Gerenne, das muss ein für alle Mal klar sein!"

Vergnügt hopste Eichhörnchen Emma von einem Ast auf den nächsten. „Okay, damit wäre das geklärt. Wer bringt die Kiste in die Höhle?"

„Wir Wildschweine natürlich", grunzte Wally.

Henri deutete nach oben. „Amadeus begleitet uns wieder mit seinem Gesang."

„Hallo Amadeus!" Der Hase Hoppsi winkte der Amsel zu. „Dein Lied ist sehr schön, aber ich kann auch singen!" Er fing an, um die Kiste herumzuhüpfen, und sang:

„Danke, Gott, das ist gut.
  Danke, Gott, das macht Mut.
  Viele Tiere,
  nicht nur viere,
  sammeln bald an einem Platz
  so manchen schönen Freundschaftsschatz."

„Das war eher ein Sprechgesang", sagte Henri.

„Ein singender Hase hat mir gerade noch gefehlt", schnaufte der Igel. „Trotzdem finde ich euch alle irgendwie knuffig."

Und das war das größte Lob, das Henri jemals von Seppo Stachelspitz gehört hatte.

Was denken die Tiere über den gestohlenen Schatz?

Was ist für sie wichtiger als die verschwundenen Münzen?

Welche Schätze wollen sie von nun an in der Kiste sammeln?

Esmeralda – eine einsame Elster

Die Elster Esmeralda hatte ihren Partner verloren. Seitdem war alles anders geworden. Während ihre Schwestern mit ihren Gefährten schwatzten, auf Nahrungssuche gingen oder sich stritten, musste sie sich ganz allein um ihren Kram kümmern.

Eigentlich war Kram nicht das richtige Wort, denn Esmeralda besaß viele Schätze. Ja, ihr Nest war so voller Schätze, dass sie kaum noch Platz zum Schlafen fand. Immer wieder nahm sie sich vor, einmal gründlich aufzuräumen. Vielleicht konnte sie ja auch ein paar Sachen an gute Freunde verschenken? Allerdings gab es da zwei Probleme.

Das erste war: Sie hatte keine guten Freunde. Mit ihren habgierigen, diebischen Schwestern konnte man einfach nicht auskommen. Denen konnte man nicht trauen. Sie stahlen einem die schönsten Sachen vor dem Schnabel weg. Und obwohl jede von ihnen ein Nest voller Kostbarkeiten hatte, wollten sie nicht teilen. Wozu also sollte Esmeralda jemandem etwas schenken, der selbst genug hatte?

Außerdem nervten die anderen Elstern, weil sie immer alles bestimmen wollten. Wenn Esmeralda mit ihnen zusammen war, kam sie kaum zu Wort. Und wenn sie doch mal zu Wort kam, hörten die anderen ihr nicht zu. Wollte sie dann die anderen übertönen, wurde sie von ihren Schwestern sofort zurechtgewiesen: „Du bist zu laut! Was schreist du so herum? Halt den Schnabel und lass uns reden!"

Dabei schwatzten und schrien sie alle viel lauter als Esmeralda. Ja, auf solche Freunde konnte sie verzichten. Da blieb sie lieber allein.

Das zweite Problem war: Sie hatte keine Zeit. Sie kam ein-

fach nicht dazu, in ihrem Nest Ordnung zu machen, weil es immer irgendetwas gab, das wichtiger war. Seit ungefähr einem Monat war es besonders schlimm: Sie hatte so viel zu tun, dass an einen Hausputz gar nicht zu denken war.

Vor einem Monat war sie dabei gewesen, als der Maulwurf Maxe zusammen mit zwei Wildschweinen, fünf Kaninchen, drei Feldhasen, einem Hamster, neun Mäusen, zwei Eichhörnchen, einem Igel und der Amsel Amadeus eine Schatzkiste geöffnet hatte. In der Kiste lagen etliche blinkende Münzen. Nicht viele, aber genug, um das Herz einer Elster höherschlagen zu lassen.

Weil die anderen Tiere fressen, schlafen, jagen oder hamstern wollten, ließen sie die Schatzkiste unter der großen Eiche stehen. Zwar hatten die Eichhörnchen und die Kaninchen versprochen, darauf aufzupassen, aber so etwas kannte man ja! Sobald sie eine Nuss oder eine Eichel sahen, waren die Eichhörnchen damit beschäftigt, zu nagen und zu knabbern. Anschließen krabbelten sie in ihren Kobel und schliefen tief und fest.

Und auf die schreckhaften Kaninchen konnte man sich in dieser Beziehung ohnehin nicht verlassen. Esmeralda brauchte nur mal kräftig mit den Flügeln zu schlagen und laut zu schreien, schon flüchteten diese Angstkaninchen in ihre Erdhöhle.

Esmeralda war da anders: Wenn sie einmal einen Schatz erspäht hatte, ließ sie ihn nicht mehr aus den Augen. Dann wartete sie den rechten Moment ab und schwupp, gehörte der Schatz ihr!

Diesmal war die Sache etwas schwieriger, denn die Schatzkiste war viel zu groß. Eine Elster konnte eine solche Kiste unmöglich in ihr Nest tragen. Sie schaffte es ja nicht einmal allein, den schweren Deckel zu öffnen. Das war schade, doch so schnell gab Esmeralda nicht auf.

Die Elster war eine gute Beobachterin. Deshalb wusste sie auch, wo Willy Waschbär sich am Abend gern aufhielt. Willy schuldete ihr noch einen Gefallen, weil sie ihn einmal mit ihrem Geschrei vor dem Wolf gewarnt hatte. Ja, sie hatte ihm das Leben gerettet. Und da Willy ziemlich neugierig war, machte es ihm sogar Spaß, die Schatzkiste zu öffnen. An den blinkenden Münzen zeigte er aber kein Interesse und so konnte Esmeralda eine nach der anderen in ihr Nest tragen.

Am nächsten Tag trafen sich die Tiere wieder an der Schatzkiste. Esmeralda war schon lange vor der vereinbarten Zeit am Treffpunkt und versteckte sich unter den Blättern der großen Eiche. So konnte sie die anderen beobachten, wurde aber von ihnen nicht entdeckt.

Die Elster musste sich das Lachen verkneifen, als die Tiere die Kiste öffneten und staunend feststellten, dass sie leer war. Als dann eine dieser dummen Mäuse meinte: „Das kann nur die Elster gewesen sein", hätte sie sich am liebsten auf diesen Winzling gestürzt.

Aber da waren ja noch die anderen Tiere. Seit sie die Schatzkiste gemeinsam ausgegraben hatten, hielten sie zusammen wie eine große Familie. Esmeralda hätte auch gern zu ihnen gehört.

Sie überlegte, ob sie sich einfach wieder zu ihnen gesellen sollte. Doch dann hätten die anderen unangenehme Fragen gestellt. Und Esmeralda mochte keine unangenehmen Fragen.

Natürlich hätte sie lügen können. Sie hätte behaupten können, nichts von den verschwundenen Münzen zu wissen. Aber sie war sich nicht ganz sicher, ob sie nicht doch gesehen worden war. Schließlich war sie viele Male hin- und hergeflogen, um all die schönen Münzen in Sicherheit zu bringen.

Also beschloss sie, die anderen lieber unauffällig im Auge zu behalten. Sie beobachtete, wie die Wildschweine die Kiste

in eine Höhle brachten. Dann legte jedes Tier etwas in die Kiste. Sie nannten diese Dinge *Freundschaftsschätze.*

Sicher wäre es ein Leichtes gewesen, die Kiste mit Willys Hilfe noch einmal zu öffnen. Aber die Schätze darin waren nicht das, was eine Elster interessierte.

Trotzdem fühlte Esmeralda sich irgendwie von der Kiste angezogen. Immer wieder kamen zwei oder drei der befreundeten Tiere in die Höhle und verstauten etwas in ihrer Freundschafts-Schatzkiste.

Mal war es eine bunte Feder, ein anderes Mal ein besonderer Stein und das nächste Mal eine große Nuss. Hamster Henri hatte im Getreidefeld eine rote Schleife gefunden, die Amsel Amadeus pflückte einen schlaffen Luftballon vom Baum und das Wildschwein Knollo steuerte eine alte Brille bei, die es im Wald beim Wühlen entdeckt hatte.

Eines Tages saßen alle Freunde wieder beieinander in der Höhle. Esmeralda hatte sich rechtzeitig in einem Haselnussstrauch versteckt. Von dort aus konnte sie alles hören und sehen.

„Ich freue mich, dass ihr alle gekommen seid", sagte das Wildschwein Wally. „Inzwischen seid ihr mir fast so lieb geworden wie meine Rotte."

Das Wildschwein Knollo nickte. „Ihr seid unsere Rotte Nummer zwei."

„Eine Rotte hat mir gerade noch gefehlt", schnaufte der Igel Seppo Stachelspitz. „Ich habe schließlich nicht vor, mich in ein Wildschwein zu verwandeln."

„Keine Sorge, Seppo", zwitscherte die Amsel Amadeus. „Niemand will, dass du zum Schwein wirst. Wally und Knollo wollten damit nur sagen, dass wir ihnen fast so wichtig sind wie ihre Rotte. Und das ist das höchste Lob, das man von einem Wildschwein bekommen kann."

„Macht es kurz", maulte Maxe Maulwurf. „Mein Magen knurrt schon wie Benno, der alte Bär."

„Ich habe vorgesorgt", sagte Hamster Henri. Er packte seine Taschen aus, schob Maxe irgendetwas vor die Nase und nickte dann dem Igel und den Mäusen zu. „Für euch dürfte das auch noch reichen."

Leider konnte Esmeralda nicht erkennen, was es war.

„Danke", schmatzte Maxe mit vollem Maul.

„Danke", fiepten die Mäuse und fingen an zu knabbern.

„Herrliche Häppchen könnt ihr Hamster hamstern, das muss man euch lassen", brummte Seppo. „Das schmeckt fantastisch, und damit basta!"

„Hat man so etwas schon gesehen?", murmelte Esmeralda vor sich hin. „Ein Hamster, der seine Taschen für andere leert?"

Jetzt ergriff Wally wieder das Wort. „Ich habe heute diese Versammlung einberufen, weil ich euch danken möchte. Ich hätte nie gedacht, dass ihr mir einmal so wichtig werden würdet."

„Unsere Rotte Nummer zwei", wiederholte Knollo.

„Zuerst möchte ich unseren Eichhörnchen Emma und Knuspi danken", grunzte Wally. „Als sich neulich einer unserer jungen Frischlinge von der Rotte entfernt hat, habe ich sie um Hilfe beim Suchen gebeten. Flink sind die Eichhörnchen daraufhin von Baum zu Baum gesprungen. Sie haben den Ausreißer entdeckt und zur Rotte zurückgebracht."

„Es war uns eine Ehre, eurer Rotte zu helfen", antwortete Knuspi.

Emma keckerte: „Wir haben den Kleinen mit Nüssen beschossen, bis er quiekend nach Hause geflüchtet ist."

Wally nickte ernst. „Ihr habt ihm eine Lektion erteilt und das war gut so. Nun weiß er, dass es gefährlich ist, sich von der Rotte zu entfernen. Wenn er einem Wolf in die Fänge geraten wäre, hätten wir ihn verloren."

„Hat man so etwas schon gesehen?", flüsterte Esmeralda

erstaunt. „Wildschwei-
ne, die sich bei den
Eichhörnchen für de-
ren Hilfe bedanken?"

Nun wandte sich
das Wildschwein an
die Amsel. „Auch dir
möchte ich danken,
Amadeus. Du hast uns
mit deinem Gesang er-

freut, und du hast uns geholfen, als unsere Rotte von Zecken
geplagt wurde."

„Gern geschehen", flötete Amadeus. „Ich möchte zwar
nicht behaupten, dass Zecken zu meiner Lieblingsspeise gehören, aber einigen anderen Vögeln scheinen sie zu schmecken. Als ich denen gesagt habe, dass die Wildschweine ihre
Hilfe wünschen, sind sie bereitwillig gekommen."

„Diese Zecken haben mir gerade noch gefehlt", brummte Seppo Stachelspitz. „Aber wo wir gerade mal dabei sind,
schließe ich mich an. Die geflügelten Freunde von Amadeus
haben mir die Läuse aus dem Pelz gepickt. Das war eine
Wohltat. Vielen Dank, Amadeus. Du bist und bleibst mein
Freund, und damit basta!"

„Hat man so etwas schon gesehen?", krächzte Esmeralda
leise. „Vögel, die den Wildschweinen und dem stachligen
Igel helfen?"

„Es tut mir leid, aber ich habe schon wieder Hunger",
seufzte Maxe.

„Kein Problem", antwortete Knollo und wühlte ein Stück
Boden auf. Dann nickte er dem Igel, dem Maulwurf und der
Amsel zu. „Lasst es euch schmecken! Hier gibt es viele As-
seln, Larven und Käfer."

„Danke", riefen die drei wie aus einem Schnabel.

„Hat man so etwas schon gesehen?" Esmeralda konnte sich nicht genug wundern. „Ein Wildschwein, das für einen Maulwurf, einen Hamster und eine Amsel die Erde umpflügt?"

Auf einmal fingen alle an, sich gegenseitig zu danken:

Die Kaninchen dankten dem Maulwurf und dem Igel, weil Maxe und Seppo ihren Bau von Würmern, Maden und Schnecken befreit hatten.

Die Eichhörnchen dankten den Hasen und Kaninchen, weil sie ihnen geholfen hatten, ihre versteckten Nüsse wiederzufinden.

Alle dankten der Amsel, weil sie die anderen immer wieder daran erinnerte, eine Pause einzulegen, um sich zu entspannen und Gott zu loben.

Seppo, Maxe und die Amsel dankten den Wildschweinen, weil sie von ihnen immer mal wieder zum großen Schmausen eingeladen wurden.

Es war ein einziges Hin-und-her-Gedanke.

„Hat man so etwas schon gesehen?", seufzte Esmeralda. „Bei so viel Freundlichkeit wird mir ja ganz schwindlig." Tatsächlich hätte sie beinahe das Gleichgewicht verloren und wäre von ihrem Ast gerutscht. Sie flatterte wie wild mit den Flügeln und konnte sich gerade noch abfangen.

Glücklicherweise waren die Tiere so mit ihrer Dankerei beschäftigt, dass sie nichts davon mitbekamen.

„So einen Danke-Tag könnten wir öfter einlegen", flötete die Amsel.

Hase Hoppsi nickte. „Alle wissen sowieso: Danken macht die Herzen froh. Und es macht die Freundschaft dick, sie hält dann wie der beste Strick. Freunde sind der größte Schatz, das weiß auch der kleinste Fratz."

Eine kleine Maus zupfte den Hasen am Fell. „Du kannst

gut dichten, Hoppsi. Wenn ich mal groß bin, möchte ich auch so ein Dichter werden wie du."

„Danke, danke." Verlegen fuhr sich der Hase über die Löffel.

„Eine dichtende Maus hat mir gerade noch gefehlt", meinte Seppo. Aber dann räusperte er sich und schnüffelte: „So viele Worte des Dankes habe ich noch nie in meinem Leben gehört."

Hamster Henri stellte fest: „Wir haben unsere Freundschaftsschätze gar nicht dazu gebraucht. Obwohl wir doch so viele gehamstert haben."

Wanda, die Waldmaus, schaute den Hamster an, als wäre sie in ihn verliebt. „Ja, da hast du wieder einmal recht, Henri!"

Hat man so etwas schon gehört?, dachte die Elster. *Eine Maus und ein Hamster!*

Da schlug Eichhörnchen Emma vor: „Wie wäre es, wenn wir ein paar Freundschaftsschätze verschenken würden? Unsere Schatzkiste ist ziemlich voll. Und es kommen immer wieder neue Sachen dazu."

„O ja", piepsten zwei Zwillingsmäuse. „Wir verteilen die Sachen an andere Tiere, denen es nicht so gut geht wie uns."

Wildschwein Wally grunzte: „Das ist eine gute Idee. Doch zuvor müssen wir überlegen, welches Tier eine Aufmunterung braucht."

„Ich weiß etwas!", meinte Knollo. „Die Brille wäre etwas für Bruno, den Bären. Damit er besser sehen kann, wie schön die Welt um ihn herum ist, und nicht ständig nur murrt und knurrt."

Das Kaninchen Kasimir zuckte mit der Nase. „Von mir aus könnt ihr dem Brummbär die Brille geben. Aber bitte versteht, dass ich nicht der Überbringer des Geschenks sein kann."

„Keine Sorge, Kasimir." Wally stupste das Kaninchen sanft mit der Schnauze an. „Diese Aufgabe übernimmt Knollo."

„Ehrensache", grunzte Knollo und ging zu der Kiste, um die Brille herauszuholen. Während er darin herumkramte, schlugen seine Freunde weitere Tiere vor, die sie beschenken wollten.

Endlich hatte Knollo die Brille gefunden. Als er sie herauszog, stellte er fest, dass sich am Bügel ein silbernes Band verfangen hatte. Amadeus kam ihm zu Hilfe und zupfte es mit dem Schnabel ab.

Da deutete Emma, das Eichhörnchen, auf das glitzernde Band. „Ich glaube, das wäre das richtige Geschenk für Esmeralda."

Knuspi gab ihr einen Klaps. „Du bist wohl nicht gescheit! Ich habe vom Eichelhäher gehört, dass die Elster unsere Münzen gestohlen hat. Da werden wir sie doch nicht beschenken!"

Esmeralda saß mit offenem Schnabel in ihrem Blätterversteck und verhielt sich ganz still.

„Ja, das habe ich auch gehört", piepste eine Maus. „Eine unserer Schwestern hat die Elster mit den Münzen gesehen."

„Mag sein", grummelte der Maulwurf. „Aber wie ihr wisst, lege ich keinen Wert auf diese harten, unnötigen Dinger. Ich glaube kaum, dass dieses Blinkerzeug die Elster glücklich gemacht hat."

Esmeralda klappte den Schnabel zu und schluckte. Nein, glücklich war sie mit diesen Schätzen tatsächlich nicht geworden.

„Trotzdem darf man sie nicht noch für ihren Diebstahl belohnen", sagte eine Maus.

Amadeus zwitscherte: „Ich denke, die Elster ist sehr einsam. Sie ist immer allein unterwegs. Sie singt nicht mehr mit den anderen Vögeln, um Gott zu loben, und ich habe auch das Gefühl, dass sie mir aus dem Weg fliegt."

Der Hamster nickte der Amsel zu. „Jetzt, wo du das sagst, fällt es mir auch auf. Früher war Esmeralda immer dort, wo etwas los war. Zu allem hat sie ihre Meinung gekrächzt. Aber jetzt hält sie sich zurück wie eine scheue Heckenbraunelle."

Esmeralda zuckte es in den Flügeln. Sie war doch keine Heckenbraunelle! So ein unscheinbares Vöglein! Am liebsten wäre sie losgeflogen und hätte diesem Hamster mal ordentlich die Meinung gesagt!

Aber dann zwang sie sich zur Ruhe. Sie wollte unbedingt wissen, was die Tiere noch über sie sagten.

„Wenn sie einsam ist, so geschieht ihr das ganz recht!", fiepste eine pummelige Maus. „Sie kann froh sein, dass sie nicht zur Strafe für ihre Untaten in den Käfig gesperrt wird!"

Henri schaute erst zu Wanda und dann zu der pummeligen Maus. „Ich bin froh, dass Amadeus und Wanda nicht genauso gedacht haben wie du. Denn früher war ich nicht viel besser als die Elster. Ich habe nur an mich gedacht. Ich habe gehamstert und gerafft, ich war mürrisch und gemein zu anderen. Das alles hat mich krank gemacht und beinahe hätte mich der Fuchs gefressen. Ja, wenn mir meine Freunde nicht geholfen hätten, wäre ich längst tot."

„Diese Geschichte kennen wir schon", sagte die pummelige Maus. „Warum erzählst du sie uns immer wieder?"

„Weil ich denke, dass wir kein Recht haben, die Elster zu verurteilen."

„Gut gesprochen, Henri", grunzte Knollo. „Niemand von uns ist ohne Fehler. Jeder hat schon mal etwas getan, was nicht okay war."

Wally nickte. „Das ist wahr. Wenn man uns für alle unsere Untaten töten oder in Käfige sperren würde, wäre unser Wald bald leer."

„Das hat mir gerade noch gefehlt", schnaufte Seppo. „Wildschweine und Igel in einem Käfig!"

Amadeus flötete: „Wir alle leben davon, dass man uns vergibt."

Esmeralda zwinkerte und klappte den Schnabel wieder auf.

„Von mir aus kann die einsame Esmeralda dieses Band haben", brummte Maxe Maulwurf. „Ich habe schon wieder Hunger, und dieses Glitzerding ist nicht dazu geeignet, meinen Magen zu füllen."

„Na gut", sagte Knuspi. „Dann schenken wir eben der Elster dieses Band."

„Und wer von uns bringt es ihr?", fragte eine kleine Maus.

„Ihr braucht es mir nicht zu bringen!", rief Esmeralda und flog zu den anderen Tieren hinab. „Hier bin ich."

Wally öffnete das Maul, um etwas zu sagen, doch Esmeralda kam ihr zuvor. „Es tut mir leid. Alles tut mir leid. Erst habe ich euch heimlich beobachtet und belauscht und dann bestohlen."

Sie senkte den Kopf und fügte leise hinzu: „Der Hamster Henri hat recht. Niemand wird glücklich davon, dass er viele Schätze besitzt. Ich will von nun an wieder mit der Amsel Gott loben und endlich mein Nest aufräumen. Ich will meine Schätze verschenken und nie mehr irgendetwas sammeln. Ich will …"

„Stopp!", rief Henri und hob die Pfote. „Was du da versprichst, ist gegen deine Natur. Du kannst nicht alles verschenken und nie mehr etwas sammeln. Das schaffst du nicht, denn du bist eine Elster. So wie ich ein Hamster bin und immer hamstern werde. Aber auf das richtige Maß kommt es an."

„Und auf das, was wirklich zählt", ergänzte Amadeus und stimmte ein Loblied an.

Esmeralda hat die anderen bestohlen.
Wie erging es ihr danach?

Worüber freuen sich die Tiere?

Warum werden die Tiere Esmeralda nicht bestrafen?

168

170

Bibelstellenregister

172

Bethan James, Estelle Corke (Illustr.)

Meine kunterbunte Kinderbibel

Mit ihren wunderschönen Bildern und den gut verständlichen Texten ist diese Kinderbibel genau richtig für Kinder ab sechs Jahre. Bekannte und weniger bekannte Begebenheiten aus der Bibel werden eindrücklich erzählt. Die 40 ausgewählten Geschichten aus dem Alten und Neuen Testament vermitteln einen umfassenden Eindruck von Gottes Weg mit den Menschen. So lernen Kinder die Bibel lieben! Schon bald wird sie ihnen ein treuer Begleiter sein, denn sie eignet sich auch hervorragend zum Selberlesen.

Gebunden, 21 x 23,5 cm, 144 S.
ISBN 978-3-417-28770-7

SCM
R.Brockhaus